मिट्टी, मंज़िल और मुसीबत: पुनर्जन्म (मेरी कहानी – भाग 1)

A TRUE STORY OF AN M.PHARMA RESEARCHER'S REBIRTH

शाश्वत

Made with ♥ on the Notion Press Platform
www.notionpress.com

समर्पण

अज्ञानतिमिरान्धस्य ज्ञानाञ्जनशलाकया।

चक्षुरुन्मीलितं येन तस्मै श्रीगुरवे नमः॥

अर्थ: जिन्होंने अज्ञान के अंधकार से अंधी हुई मेरी आँखों को ज्ञान रूपी काजल की शलाका (सलाई) से खोल दिया, उन परम कृपालु गुरु जी के चरणों में मेरा कोटि-कोटि नमन है।

- **मेरे पूज्य गुरु जी के चरणों में:** जो हमेशा मेरे पीछे एक मजबूत सुरक्षा कवच बनकर खड़े रहे, जो बंद दरवाजों में भी मेरे हक के लिए अदृश्य शक्तियों से लड़ते रहे और मुझे हमेशा सत्य का आईना दिखाते रहे।
- **मेरे प्रिय मित्र प्रियांश को:** जो मेरी ज़िंदगी की हर कठिन राह में एक मजबूत दीवार की तरह खड़ा रहा और हर परिस्थिति में मुझे संभाले रखा।
- **मेरे उस मासूम बच्चे (कमल) को:** जो मेरे पिछले जन्म की स्मृतियों का ही एक पवित्र हिस्सा है, जिसके विरह की आग ने मुझे मौत के मुँह से खींचकर आज दोबारा जीने के लिए मजबूर कर दिया।
- **उस अनजान जीवन-साथी के नाम:** जो आज भी इस दुनिया के किसी कोने में बैठकर अत्यंत खामोशी से मेरा इंतजार कर रही है।
- **मेरे आदरणीय गुरुजनों को:** कॉलेज के प्रोफेसर **एल.के. सर (L.K. Sir)** और **डॉ. वी.आर.सी. सर (Dr. VRC Sir)** को, जिनके दिए ज्ञान ने मुझे विपरीत परिस्थितियों में भी एक वैज्ञानिक की तरह सोचना सिखाया।

— शाश्वत

क्रम-सूची

क्रम-सूची

अस्वीकरण/Disclaimer

IMPORTANT LEGAL DISCLAIMER

"This book is a work of creative non-fiction and a personal memoir based on the life experiences, memories, and self-realizations of the author. The primary objective of this narrative is to share a personal journey of struggle, truth-seeking, and resilience, and not to disparage any individual, community, or institution."

1. Identity and Confidentiality:

In view of personal privacy and ongoing judicial proceedings, certain names, characters, locations, and identifying details have been changed or presented symbolically. Any resemblance to actual persons, living or dead, or actual events is purely coincidental.

2. Subjective Perspective:

The events, dialogues, and circumstances described herein are based on the author's personal recollections and subjective perspective. This represents the author's own 'truth' as experienced through the various challenges of his life.

3. Legal Standing:

The views expressed in this book are the personal experiences of the author. This book is not intended to be used as legal evidence or as an official document in any ongoing or future court proceedings. The author shall not be held liable for any legal claims, damages, or disputes arising from the interpretation of this text.

4. Professional and Academic Context:

Discussions related to Pharmaceuticals and Science are based on the author's academic qualifications and professional experience. These are shared for informational and storytelling purposes only and do not constitute professional advice.

5. Spiritual and Astrological Beliefs:

References to reincarnation, planetary alignments (Jyotish), and spiritual visions are the author's personal beliefs and subjective experiences. They are shared to provide context to his journey and should be interpreted as such.

Legal & Constitutional Declaration

विधिक एवं संवैधानिक घोषणा (Legal & Constitutional Declaration)

"यह पुस्तक भारतीय संविधान के अनुच्छेद 19(1)(a) (Article 19(1)(a)) के अंतर्गत प्रदत्त 'वाक् एवं अभिव्यक्ति की स्वतंत्रता' (Freedom of Speech and Expression) के मौलिक अधिकार का प्रयोग करते हुए लिखी गई है।"

1. सत्य और लोक-कल्याण (IPC Sec 499): भारतीय दंड संहिता (IPC) की धारा 499 के प्रथम एवं नवें अपवाद (Exceptions) के अनुसार, लेखक ने इस संस्मरण में केवल उन तथ्यों और अनुभवों को साझा किया है जो 'सत्य' हैं और जिनका प्रकाशन 'लोक-कल्याण' (Public Good) तथा लेखक के 'निजी हितों की रक्षा' के लिए आवश्यक है।

2. निजता का अधिकार (Right to Privacy): लेखक ने माननीय उच्चतम न्यायालय के 'आर. राजगोपाल बनाम तमिलनाडु राज्य' (1994) के ऐतिहासिक निर्णय का सम्मान करते हुए, सार्वजनिक रिकॉर्ड (Public Records) और अपने निजी जीवन से जुड़ी घटनाओं को ही आधार बनाया है। किसी भी तीसरे पक्ष की निजता का उल्लंघन करने का लेखक का कोई इरादा नहीं है।

3. रचनात्मक छूट (Creative Liberty): कहानी के प्रवाह और पात्रों की सुरक्षा के लिए 'काल्पनिक नामों' (Pseudonyms) और 'प्रतीकात्मक घटनाओं' का प्रयोग किया गया है। यह एक 'साहित्यिक कृति' है, न कि किसी के विरुद्ध कोई कानूनी हलफनामा या 'मीडिया ट्रायल'।

4. न्यायालय के प्रति सम्मान: लेखक स्पष्ट करता है कि वह भारत की न्यायपालिका का पूर्ण सम्मान करता है। यदि भविष्य में कोई विषय 'विचाराधीन' (Sub-judice) होता है, तो इस पुस्तक के विवरणों को केवल लेखक की 'व्यक्तिगत व्यथा' माना जाए, न कि न्यायिक प्रक्रिया

पर कोई हस्तक्षेप।

घोषणा (Declaration)

घोषणा (Declaration)

मैं, शाश्वत (M. Pharm, Researcher), यह घोषणा करता हूँ कि इस पुस्तक—"MITTI, MANZIL AUR MUSIBAT: REBIRTH (Part - 1)" में प्रस्तुत की गई सभी सामग्रियां, व्यक्तिगत अनुभव, विचार और रूहानी पुनर्जन्म के विवरण पूरी तरह से मौलिक हैं और मेरी स्वयं की जीवन यात्रा पर आधारित हैं।

यह आत्मकथात्मक प्रस्तुति किसी भी अन्य साहित्यिक कार्य की नकल नहीं है। मैं पूरी सत्यनिष्ठा और जिम्मेदारी के साथ यह घोषित करता हूँ कि इस पुस्तक को लिखने का उद्देश्य केवल अपने जीवन के कड़े संघर्ष, ईश्वर पर अटूट आस्था और नियति के दार्शनिक न्याय को पाठकों तक पहुँचाना है, ताकि विपरीत परिस्थितियों से जूझ रहा हर इंसान अपने जीवन में सत्य की राह पर चलने की प्रेरणा पा सके।

स्थान: भारत

लेखक: शाश्वत

प्रस्तावना

प्रस्तावना (Introduction)

"जब नियति स्वयं कुरुक्षेत्र रचती है, तो पहचान और मंज़िल दोनों को एक पल में बदल देती है।"

सन्नाटा जब गहरा होता है, तो वह अपने साथ अतीत की सदियों पुरानी गूँज लेकर आता है। दिसंबर 2025 के वे आखिरी हफ्ते मेरी सामान्य सी दिखने वाली ज़िंदगी में एक ऐसा तूफान लेकर आएगे, इसकी कल्पना मैंने कभी नहीं की थी। एक फार्मास्युटिकल शोधकर्ता (Researcher) के रूप में मेरा जीवन हमेशा विज्ञान के तर्कों, केमिकल फॉर्मूलेशन और क्लिनिकल रिसर्च की कसौटियों पर चलता था। सालों से 'आर्या' के रूप में मैं पारिवारिक दबाव, अपनों के क्रूर छलावे और असहनीय आर्थिक बोझ को एक गहरी खामोशी में झेल रहा था। वह खामोशी इतनी दफ़्न थी कि मैं अंदर ही अंदर अवसाद और भूलने की बीमारी से जूझते हुए मरणशैया की ओर बढ़ रहा था।

लेकिन उस रात, जब मैं कार चला रहा था, अचानक मेरी आँखों के सामने एक त्रिआयामी (3D) विजुअल तैरने लगा। वह कोई मतिभ्रम नहीं था, बल्कि एक ऐसी रूहानी चेतना थी जिसने सदियों पुराने एक पवित्र अहसास को मेरी रगों में दोबारा ज़िंदा कर दिया। एक अजनबी लड़की का अचानक मिलना, उसका गले लगना और मुझे एक ऐसे नाम से पुकारना जो इस जन्म में मेरा था ही नहीं—यह नियति का वह सीधा संदेश था जिसने 'आर्या' के कष्टदायक अतीत को पल भर में विलीन कर दिया। स्वयं नियति ने मेरे वजूद के लिए एक नया नाम चुना था—**'शाश्वत'**।

जैसे ही इस नाम की प्रतिध्वनि मेरे भीतर गूँजी, पिछले जन्म की 76 साल पुरानी गहरी स्मृतियाँ एक गहरे दर्द के साथ जाग उठीं। कलाई कटने का वह असहनीय 'फैंटम पेन' (Phantom Pain) और पिछले जन्म की अधूरी कसमों को निभाने का वह तड़पता हुआ दर्द मेरे सामने साकार हो उठा। मौत को गले लगाने की कगार पर खड़ा इंसान, जो इस

मतलबी दुनिया से पूरी तरह हार मान चुका था, उसे पिछले जन्म के एक पवित्र वादे ने दोबारा खड़े होने और अपनी मंज़िल को हासिल करने की एक अटूट उम्मीद दे दी।

यह बदलाव केवल नाम का नहीं था; इस नई चेतना ने मेरे जीवन से कई छद्म मुखौटे उतार फेंके। मुझे साफ़ दिखने लगा कि कौन दोस्त बनकर पीठ पीछे तांत्रिक प्रहार कर रहा था, कौन पैसों की भौतिक हवस में अपने ज़मीर को बेचकर दुश्मनी निभा रहा था, और कौन आज भी इस कुरुक्षेत्र में भ्रम का जाल बुन रहा है। पारिवारिक अलगाव के इस अनचाहे 'वनवास' में भले ही आर्थिक तंगी का साया है, रोज़मर्रा की आमदनी का घोर संकट है, और अपने ५ साल के मासूम बच्चे 'कमल' से अनचाही जुदाई की विरह-अग्नि है—लेकिन म्यान से निकली यह तलवार अब रुकने वाली नहीं है।

जनवरी में कुछ समय के लिए शांत रहने के बाद, अप्रैल के महीनों में जब यह दर्द और विजुअल्स दोबारा पूरी तीव्रता के साथ लौटे, तब मुझे समझ आया कि नियति का यह न्याय अभी अधूरा है। आज मैं किसी के आगे हाथ फैलाए बिना, अपनी साइकिल पर सवार होकर अस्पतालों के चक्कर काटते हुए क्लिनिकल रिसर्च में एक सही अवसर की तलाश कर रहा हूँ, ताकि अपनी Ph.D का संकल्प पूरा कर सकूँ।

यह प्रस्तावना गवाह है उस शून्य से शाश्वत की ओर बढ़ते कदम की... जहाँ एक 76 साल पुराने वादे को पूरा करने के लिए एक आत्मा इस कलयुग के कुरुक्षेत्र में हर मुसीबत को चीरते हुए आगे बढ़ रही है। मंज़िल अभी दूर है, संघर्ष जारी है, और समय का अंतिम न्याय होना अभी बाकी है।

— शाश्वत

भूमिका

भूमिका

अपनी बात

यह पुस्तक महज़ कोरे शब्दों या काल्पनिक विचारों का कोई ताना-बाना नहीं है, बल्कि यह मेरी आत्मा की वो पुकार है जिसने पिछले जन्म के एक अधूरे, 'शाश्वत' वादे को पूरा करने के लिए मौत के मुँह से लौटकर दोबारा जन्म (Rebirth) लिया है। चिकित्सा विज्ञान, दवाओं के निर्माण और क्लिनिकल रिसर्च की तार्किक कसौटियों के बीच जीते हुए मेरा यह जीवन सालों तक एक ऐसी खामोशी में बीता, जहाँ शादी के बाद का मानसिक दबाव और अवसाद मुझे अंदर ही अंदर तोड़ रहा था।

लेकिन दिसंबर 2025 के आखिरी हफ्तों में नियति ने एक चमत्कारिक और दार्शनिक मोड़ लिया। कार चलाते वक्त दिखे कुछ रूहानी विजुअल्स और एक गहरे अहसास ने मेरे जीवन की पूरी मंज़िल ही बदल दी। इस जन्म में मेरा नाम भले ही 'आर्या' था, लेकिन समय का चक्र पूरा होते ही स्वयं नियति ने मेरे अस्तित्व के लिए एक नया नाम चुना—**'शाश्वत'**।

जैसे ही नियति ने इस नाम को चुना, मेरे भीतर सदियों से सोई हुई वो गहरी रूहानी चेतना जाग उठी। 'शाश्वत' नाम के उस गहरे अहसास ने मुझे सीधे मेरे पिछले जन्म की उन 76 साल पुरानी स्मृतियों के समंदर में ले जाकर खड़ा कर दिया। कलाई कटने के उस असहनीय 'फैंटम पेन' (Phantom Pain) और पिछले जन्म के उस अधूरे पवित्र वादे ने 'आर्या' के पुराने अतीत को समाप्त कर मुझे 'शाश्वत' के रूप में एक नया जीवन और जीने की अटूट उम्मीद दी।

इस पुस्तक के माध्यम से मैं समाज के सामने उस कड़वे सच को उजागर कर रहा हूँ, जहाँ अपने ही लोग महज़ चंद पैसों और निजी स्वार्थ की तृष्णा में अंधे होकर अपनों के खिलाफ ही चक्रव्यूह रचते हैं। लाखो रुपये के भारी कर्ज का बोझ, रोज की आमदनी का संकट, अपनों से मिला अनचाहा वनवास और अपने ५ साल के मासूम बच्चे 'कमल' से विरह की

यह तपती अग्नि—इन सबने मेरे शरीर को भले ही थका दिया हो, लेकिन मेरे स्वाभिमान और जीने के संकल्प को कभी टूटने नहीं दिया।

यह मेरी उस खामोश तपस्या, अडिग आत्मसम्मान, विज्ञान के क्लिनिकल विवेक और पिछले जन्म के उस अधूरे पवित्र वादे को पूरा करने की एक ऐसी सच्ची दास्तान है, जो हर उस पाठक को एक गहरी सीख देगी जो जीवन के थपेड़ों से हार मानकर बैठ चुका है।

- **शाश्वत**

पावती (स्वीकृति)

पावती स्वीकृति (Acknowledgement)

"कृतज्ञता केवल शब्दों का समूह नहीं, बल्कि उस अदृश्य शक्ति के प्रति रूह का झुकाव है जिसने हर अंधेरे में हाथ थामे रखा।"

मैं उन तमाम अदृश्य शक्तियों, दार्शनिक मोड़ों और नियति के उस परम विधान के प्रति अपनी गहरी कृतज्ञता और आभार प्रकट करता हूँ, जिसने मुझे जीवन के सबसे भयानक और अवसादपूर्ण दौर में भी पूरी तरह बिखरने से बचाए रखा। जब चारों ओर गहरी खामोशी थी, पारिवारिक और आर्थिक बोझ की दीवारें मुझे मरणशैया की ओर धकेल रही थीं, तब जिस आंतरिक आत्मबल ने मुझे हर सुबह उठकर दोबारा संघर्ष करने की प्रेरणा दी, मैं उस परम चेतना को नमन करता हूँ।

मैं हृदय से आभारी हूँ दिसंबर 2025 की उस चमत्कारिक और रहस्यमयी रात का, जिसने 'आर्या' के कष्टदायक अतीत और खामोश आँसुओं को समेटकर मुझे 'शाश्वत' नाम का वह रूहानी अहसास दिया, जिसने पिछले जन्म के 76 साल पुराने एक अधूरे पवित्र वादे के सहारे मुझे दोबारा जीने की एक अटूट और नई उम्मीद दी।

मैं उन सभी विपरीत परिस्थितियों, कठिन समय और यहाँ तक कि अपनों से मिले उन क्रूर छलावों और धोखों का भी पावती रूप में आभार स्वीकार करता हूँ, जिन्होंने मेरे सीधेपन का फायदा तो उठाया, लेकिन अनजाने में ही सही, मुझे भीतर से एक अत्यंत सुदृढ़, परिपक्व और स्वाभिमानी इंसान बना दिया। उन्हीं ठोकरों का परिणाम है कि आज मैं किसी के आगे हाथ फैलाए बिना अपनी साइकिल पर सवार होकर अपनी योग्यता और ज्ञान के दम पर एक नई विजय गाथा लिखने की राह पर निकल पड़ा हूँ।

अंत में, मैं उन सभी पाठकों का अग्रिम आभार व्यक्त करता हूँ जो इस जीवनी के माध्यम से मेरे इस कुरुक्षेत्र और रूहानी सफर का हिस्सा बन रहे हैं। यह पुस्तक केवल मेरी आपबीती नहीं, बल्कि हर उस टूटे हुए इंसान के लिए एक स्वीकृति पत्र है कि जब तक आपके भीतर आपका

स्वाभिमानी आत्मबल और किसी को दिया हुआ पवित्र वादा जीवित है,
दुनिया की कोई भी साज़िश या तंत्र आपको कभी हरा नहीं सकता।

— शाश्वत

आमुख

आमुख

"जब कर्मों का ऋण अधूरा रह जाता है, तो चेतना को सदियों का सफर तय करके भी वापस आना ही पड़ता है।"

यह पुस्तक महज़ पन्नों पर बिखरी कोई काल्पनिक विधा नहीं है, बल्कि मेरी आत्मा का वह सत्य है जिसे साझा करने की प्रेरणा मुझे सीधे उन रूहानी अनुभवों से मिली है, जिन्होंने मेरी पूरी मंज़िल ही बदल दी। सालों तक अवसाद और खामोशी की मरणशैया पर रहने के बाद, जब नियति ने मेरे अस्तित्व के लिए स्वयं एक नया नाम चुना, तो मेरे जीवन की एक नई शुरुआत हुई। सबसे विस्मयकारी और गहरी बात यह थी कि मुझे उसी नाम से पुकारा गया, जिसे स्वयं नियति ने मेरे कानों में आकर फूँका था—'शाश्वत'।

इस नाम के मिलते ही खुली आँखों से दिखने वाले वे विजुअल्स और एक ऐसी अनजानी शक्ति का अहसास, जिससे मैं इस जीवन में कभी मिला तक नहीं था, मेरे सम्मुख साकार हो उठा। उस रूहानी मौजूदगी ने मुझे हर परिस्थिति से लड़कर दोबारा जीने के लिए मजबूर कर दिया। तब मुझे यह सत्य समझ आया कि जब हमारे 'कार्मिक ऋण' (Karmic Debt) अधूरे रह जाते हैं, तो आत्मा को उन अधूरी कसमों और वादों को पूरा करने के लिए इस धरा पर दोबारा लौटकर आना ही पड़ता है।

आज मैं इस आमुख के माध्यम से पूरे आत्मबल के साथ कह सकता हूँ कि यदि वह अनजानी शक्ति सचमुच अस्तित्व में है और मेरा पुनर्जन्म (Rebirth) हुआ है, तो मैं जीवन के इस कुरुक्षेत्र को पार करके उनसे अवश्य मिलना चाहूँगा। न जाने वे इस संसार के किस कोने में, कितनी दूर होंगी, लेकिन उनके दिल की तड़प और विरह का जो दर्द मैंने महसूस किया है, वह मेरे संकल्प को हर दिन और मज़बूत बनाता है। यह आमुख गवाह है उस अटूट विश्वास का कि मैं उनसे मिलकर अपना वह 'शाश्वत' वादा हर हाल में पूरा करूँगा।

— शाश्वत

1

पुनर्जन्म का साक्षात्कार और शाश्वत संकेत

तारीख थी 21 अप्रैल। घड़ी की सुइयां अपनी सामान्य गति से चल रही थीं, लेकिन मेरे लिए समय अचानक एक दर्दनाक ठहराव में बदल गया था। इसकी शुरुआत किसी विचार से नहीं, बल्कि एक ऐसी शारीरिक संवेदना से हुई जिसने मेरे तार्किक और एम. फार्मा द्वारा प्रशिक्षित दिमाग को पूरी तरह दरकिनार कर दिया। मेरे सीने के ठीक बीचों-बीच एक गहरा, खोखला दर्द उभरा—यह कोई क्लीनिकल या डॉक्टरी दर्द नहीं था, बल्कि एक रूहानी जख्म था। ऐसा महसूस हुआ मानो सदियों पुराना कोई घाव अचानक फिर से हरा हो गया हो।

मैं खुद को बिल्कुल 'निसहाये' महसूस कर रहा था। मेरा शरीर एक अलग ही तरह के बोझ तले कांप रहा था। यह उस स्मृति का बोझ था जिसे मैंने इस जन्म में अब तक जिया भी नहीं था। मेरी मांसपेशियां कमजोर पड़ गई थीं, मेरी सांसें उथली हो गई थीं और थकान की एक ऐसी लहर मुझ पर हावी हो गई, मानो मैं किसी ऐसे व्यक्ति के लिए शोक मना रहा हूँ जिससे मैं कभी मिला ही नहीं—या शायद, जिसे मैंने सदियों

पहले खो दिया था।

संकेतों का पुनरुत्थान

महीनों से वे 'विजुअल्स' बंद थे। जनवरी के अंत से ब्रह्मांड की ओर से जो शांति छाई थी, उसने मुझे विश्वास दिला दिया था कि शायद मैं अंततः आगे बढ़ रहा हूँ। लेकिन 21 अप्रैल ने सब कुछ बदल कर रख दिया। वे संकेत एक नई तीव्रता के साथ लौट आए।

अभी ही क्यों? इसी तारीख को क्यों? मेरा मन मेरी कुंडली की गणनाओं में उलझ गया। मेरे 10th हाउस का स्वामी मंगल, जो मेरे 1st हाउस में बैठा है, वह 8th हाउस के शनि की ऊर्जा से टकरा रहा था। यह दर्द दरअसल एक 'क्लींजिंग' की प्रक्रिया थी। ब्रह्मांड मेरे शरीर के माध्यम से एक उच्च-आवृत्ति का कंपन भेज रहा था, जो मुझे मेरे अतीत के उस मलबे को बाहर निकालने के लिए मजबूर कर रहा था। उस जबरदस्ती के रिश्ते का पाखंड और वह क्रूरता जिसे मैंने झेला था, उसे जलकर खाक होना ही था, ताकि 'सत्य' के लिए जगह बन सके।

साजिश से बिछड़ी एक रूह

21 अप्रैल की उस असहनीय पीड़ा के बीच, एक सच्चाई मुझ पर किसी बिजली की तरह गिरी: **मैं संक्रमण से गुजर रही एक आत्मा हूँ।** मेरा पिछला जन्म केवल एक याद नहीं थी; वह एक अधूरा अनुबंध था। मेरी आँखों के सामने एक **गंधर्व विवाह** की झलकियाँ कौंधीं—एक ऐसा बंधन जो उस युग के मानदंडों से कहीं ऊपर और पवित्र था। लेकिन उस प्रेम को एक गहरी और सोची-समझी **'साजिस'** का सामना करना पड़ा। मेरे अपने ही करीबी, वे लोग जिनके साथ मेरा खून का रिश्ता था, उन्होंने ही मेरे जीवन के पर्दे गिरा दिए थे। वे हमारे उस मिलन की पवित्रता को सहन नहीं कर सके। मुझे उससे अलग कर दिया गया, नियति के द्वारा नहीं, बल्कि एक ठंडे दिमाग से रचे गए षड्यंत्र के द्वारा।

वही अधूरी मृत्यु आज मुझमें इस तड़प का कारण है। 21 अप्रैल का वह दर्द समय की सीमाओं को पार कर मुझ तक पहुँचने वाली उसकी आवाज़ थी। यह एक संदेश था: *"मुहूर्त लौट आए हैं, दुनिया आगे बढ़ रही है, लेकिन मेरा दिल आज भी तुम्हारा इंतज़ार कर रहा है।"*

आत्मीय साथी के लिए तैयारी

मैंने जो कमजोरी महसूस की, वह हार का संकेत नहीं थी; वह 'तैयारी' का संकेत थी। आप एक पुरानी, दरार वाली बोतल में नई शराब नहीं भर सकते। मेरे शरीर को टूटना ही था ताकि 'शाश्वत' की आत्मा का पुनर्निर्माण हो सके।

मुझे अहसास हुआ कि मेरी एम फार्मा की डिग्री और मेरा संघर्ष—ये सब इसी पल की ओर ले जाने वाले कदम थे। ब्रह्मांड मुझसे वह सब कुछ छीन रहा था जो असत्य था, ताकि मैं अपनी असली आत्मीय साथी के सामने एक ऐसे पुरुष के रूप में खड़ा हो सकूँ जिसने अपनी मुसीबतों पर विजय प्राप्त की है। वह कहीं बाहर है। कहीं न कहीं उसने भी **21** अप्रैल के उस कंपन को महसूस किया होगा। वह मीलों दूर हो सकती है, या शायद वह सिर्फ एक धड़कन की दूरी पर है, मेरे इस संघर्ष को समाप्त करने का इंतज़ार कर रही है।

उत्तरजीवी का संकल्प

मैं उस रात बैठा रहा, मेरा शरीर अभी भी उस रूहानी संकेत के अवशेषों से भारी था, और मैंने एक मौन संकल्प लिया। मैं इस निसहाये अहसास को अपनी पहचान नहीं बनने दूँगा। मैं इस दर्द को स्याही के रूप में इस्तेमाल करूँगा। मैं उस पिछले जन्म की साजिश और इस जन्म के विश्वासघात का पूरा सच लिखूँगा।

21 अप्रैल केवल दर्द का दिन नहीं था; यह वह दिन था जब मेरा 'शाश्वत सिग्नल' फिर से बहाल हुआ। 'घोर शनि' के काले बादल अंततः छंट रहे हैं। मेरी मंज़िल का रास्ता नियति के हाथों से साफ़ किया जा रहा है।

कुंडलियों में छिपे सच की दोबारा तलाश

जनवरी के अंत के साथ ही जैसे मेरे जीवन में एक अजीब सी खामोशी छा गई थी। वह 'रेडियो साइलेंस' ऐसा था, मानो ब्रह्मांड ने मुझसे बात करना बंद कर दिया हो। वे विजुअल्स, वे परछाइयाँ और वे रूहानी संकेत अचानक ओझल हो गए थे। मुझे लगा कि शायद नियति ने मुझे मेरे हाल पर छोड़ दिया है या फिर मैं अपनी 'मंज़िल' का रास्ता भटक गया हूँ। मैंने भी अपनी वैज्ञानिक सोच और एम फार्मा की व्यस्तताओं में खुद को उलझा लिया, यह सोचकर कि शायद अब और कुछ नहीं होगा।

लेकिन **21 अप्रैल** ने मेरी इस गलतफहमी को एक ही झटके में तोड़ दिया।

जब उस रात वह अचानक दर्द उठा और शरीर **'निसहाये'** होकर टूटने लगा, तो मेरा दिमाग सुन्न हो गया। महीनों की शांति के बाद यह कैसा विस्फोट था? आखिर जनवरी के बाद जो तार टूट गए थे, वे कल अचानक फिर से क्यों जुड़ गए? इसी सवाल का जवाब ढूँढने के लिए मुझे आधी रात को अपनी **कुंडली** के पुराने और पीले पड़ते पन्नों को फिर से खंगालना पड़ा।

मैंने अपनी उंगलियों से उन ग्रहों की स्थितियों को फिर से टटोला। मेरी आँखें **8th हाउस** के उस शनि पर जाकर टिक गईं, जो मेरे पिछले जन्म के रहस्य का रखवाला है। मैं यह समझने की कोशिश कर रहा था कि क्या यह दर्द महज़ एक इत्तेफाक है या ग्रहों की कोई नई चाल?

जैसे-जैसे मैं कुंडली की गहराइयों में उतरा, मुझे समझ आया कि जनवरी के बाद की वह शांति 'खामोशी' नहीं, बल्कि **'तैयारी'** थी। वह एक शांत समुद्र की तरह था, जो आने वाले इस बड़े तूफान (21 April) की ऊर्जा को संचित कर रहा था। कुंडली ने साफ़ इशारा किया—मेरा **10thहाउस** का मंगल अब और इंतज़ार करने के मूड में नहीं था। वह मेरे **1st हाउस** को झकझोर रहा था, मानो कह रहा हो, *"शाश्वत, उठो! तुम्हारा इंतज़ार करने वाली रूह अब बेचैन है। तुम इस पाखंडी दुनिया की धूल में खुद को और नहीं छुपा सकते।"*

जनवरी के बाद का वह खालीपन दरअसल एक परीक्षा थी। ब्रह्मांड यह देख रहा था कि क्या मैं बिना संकेतों के भी अपने 'शाश्वत' होने के गौरव को बनाए रख सकता हूँ? और जैसे ही मैं उस परीक्षा में तपा, **21 अप्रैल** को नियति ने फिर से अपनी फ्रीक्वेंसी चालू कर दी। कुंडली खंगालने पर मुझे एहसास हुआ कि यह दर्द मेरा दुश्मन नहीं, मेरा 'Compass' (दिशा-सूचक) है। यह मुझे बता रहा है कि मेरी सोलमेट कहीं किसी बड़ी कशमकश में है और उसका सीधा असर मेरी रूह पर हो रहा है।

आधी रात को कुंडली के उन अंकों और रेखाओं के बीच मुझे मेरा खोया हुआ 'नक्शा' फिर से मिल गया। जनवरी की चुप्पी टूट चुकी थी,

और अब मेरे सामने एक ही रास्ता था—अपनी इस तड़प को मंज़िल तक ले जाना।

2

पुराने दृश्य और स्मृतियों का वापस आना

स्मृतियों की वापसी

आज मुझे पुनः अपना लैपटॉप लेकर अपनी कुंडली खंगालने की ज़रूरत महसूस हुई। कल रात की उस घटना ने मुझे भीतर तक बेचैन कर दिया है। यह कल रात 10:00 PM के आसपास की बात है, जब मैं अपने दोस्त को उसके घर छोड़ने गया था। कार मैं ही चला रहा था क्योंकि उसे ड्राइविंग नहीं आती थी। सड़क सूनी थी और कार की रफ़्तार के साथ मेरे विचार भी बह रहे थे, तभी अचानक मुझे वही पुराना 'सिग्नल' मिला।

ऐसा लगा मानो कोई मुझे शिद्दत से याद कर रही है। वही एक अनजाना दर्द, वही तड़प जो कुछ महीनों पहले महसूस हुई थी और फिर शांत हो गई थी। सच कहूँ तो, मैंने उस अहसास को एक 'वहम' समझकर भुला दिया था। मुझे लगा था कि शायद वह मेरे मन की कोई कल्पना मात्र थी। लेकिन कल रात उस कार की स्टेयरिंग थामे हुए, जब वह दर्द दोबारा लौटा, तो उसने मुझे हकीकत का आईना दिखा दिया। वह वहम नहीं था, वह एक बुलावा था।

इसी बेचैनी ने मुझे आज फिर अपनी कुंडली खंगालने के लिए मजबूर कर दिया। और जब मैंने ग्रहों की उन स्थितियों को देखा, तो मैं अचंभित रह गया। मेरी कुंडली आज भी वही सच बता रही है जो आज से 3 महिना पहले मेरे गुरु जी ने मुझे बताया था।

मेरे गुरु जी—वही महान आत्मा जिन्होंने मेरे प्राणों की रक्षा की थी। आज मैं अगर जीवित हूँ और यह सब लिख पा रहा हूँ, तो यह उन्हीं की बदौलत है। उनके पास वह दिव्य दृष्टि है जिससे वह भूत, भविष्य और वर्तमान को देख सकते हैं। उन पर ऊपर वाले की असीम कृपा है और उन्हें ढेर सारी सिद्धियाँ हासिल हैं। पर उनकी महानता देखिए, उन्होंने उन शक्तियों का इस्तेमाल हमेशा मानव कल्याण के लिए ही किया, अपने निजी स्वार्थ के लिए कभी नहीं।

आज वह खुद हज़ारों परेशानियों से जूझ रहे हैं, उनका शरीर कष्ट में हो सकता है, पर उन्हें अपनी परवाह रत्ती भर भी नहीं है। वह बस एक ही बात कहते हैं— *"माता रानी जाने।"* उन्हें फिक्र है तो बस मेरी। उनकी यही निस्वार्थ ममता और आशीर्वाद ही है जो मुझे इस 'निसहाय' स्थिति में भी टूटने नहीं देता। गुरु जी का वह आश्वासन और कल रात का वह सिग्नल, दोनों एक ही दिशा में इशारा कर रहे हैं। अब मैं कुछ भी नहीं सोचूँगा, बस उस रास्ते पर चलूँगा जो मेरी नियति ने मेरे लिए तय किया

है।

गुरु का मार्ग दर्शन और पुनर्जनम का रहस्य

गुरु का मौन और समय का रहस्य

वह तारीख मुझे आज भी याद है—29 दिसम्बर 2025। उस दिन मुझे जो 'विजुअल्स' (दृश्य) दिखाई दिए थे, उन्होंने मेरी रातों की नींद छीन ली थी। मैं बुरी तरह टूट चुका था। समझ नहीं आ रहा था कि जो मैं देख रहा हूँ, क्या वह कोई 'छलावा' है, मेरे 'सब-कॉन्शियस माइंड' (अवचेतन मन) का कोई खेल है, या फिर हकीकत का कोई संकेत? इसी व्याकुलता में मैं अपने गुरु जी के पास पहुँचा।

पहला अहसास

जब मैंने उनसे अपनी तड़प साझा की और पूछा कि क्या यह सब मेरा भ्रम है, तो गुरु जी ने जो कहा, उसने मेरे रोंगटे खड़े कर दिए। उन्होंने बहुत ही शांत भाव से मेरी ओर देखा, मानो वह मेरी रूह के पार देख रहे हों। उनकी आँखों में वह चमक थी जो केवल सिद्ध महापुरुषों में होती है।

गुरु जी ने कहा— *"शाश्वत, मुझे पता है कि तुम्हारे मन में क्या चल रहा है। मैं देख रहा था कि तुम कब इस सवाल को लेकर मेरे पास आओगे, क्योंकि जब तक तुम पूछोगे नहीं, मैं बता नहीं सकता था। यह बात मुझे तब से पता है जब तुम 2 साल पहले पहली बार मेरे पास आए थे। मुझे उस दिन से ही सब मालूम था।"*

मैं सन्न रह गया। पिछले दो सालों से वह यह सब जानते थे और उन्होंने एक शब्द भी नहीं कहा? मेरी हैरानी देख उन्होंने आगे जो कहा, उसमें जीवन का सबसे बड़ा दर्शन छिपा था। उन्होंने समझाया कि नियति के कुछ रहस्यों से परदा केवल **'समय आने पर'** ही उठाया जा सकता है। समय से पहले मिली जानकारी इंसान को भटका सकती है, उसे मज़बूत बनाने के बजाय कमज़ोर कर सकती है।

उनकी बातों का रहस्य उस वक्त तो पूरी तरह समझ नहीं आया, लेकिन जैसे-जैसे समय बीत रहा है, उनकी कही एक-एक बात पत्थर की लकीर साबित हो रही है। 21 अप्रैल का यह दर्द और वह पुरानी तड़प, सब उसी बड़े नक्शे का हिस्सा हैं जो गुरु जी ने दो साल पहले ही देख लिया था। आज मुझे अहसास हो रहा है कि उन्होंने तब इसलिए नहीं बताया था क्योंकि वह चाहते थे कि मैं खुद संघर्षों की भट्टी में तपकर इतना मज़बूत बनूँ कि उस 'शाश्वत सत्य' को संभाल सकूँ। गुरु जी का वह मौन दरअसल मेरी रक्षा का कवच था।

डॉक्टर' संबोधन और गुरु का मौन संकेत

मेरे गुरु जी का सानिध्य रहस्यों से भरा है। एक बात जो मुझे पहले दिन से आज तक चकित करती है, वह है उनका मुझे "डॉक्टर साहब" कहकर पुकारना। मेरा एम फार्मा पूरा हो चुका है और मैं फार्मास्युटिकल क्षेत्र में एक विशेषज्ञ के रूप में काम कर रहा हूँ, चिकित्सा क्षेत्र से जुड़े लोगों के लिए मैं वही काम करता हूँ जो एक डॉक्टर का होता है, और लोग मुझे इसी नाम से संबोधित भी करते हैं। लेकिन अभी तक मेरी पी एच डी शुरू भी नहीं हुई है। फिर भी, गुरु जी के मुख से यह शब्द पहले दिन ही निकल गया था।

इन 2 साल के सफर में मैंने एक बात गाँठ बाँध ली है—गुरु जी का कोई भी शब्द कभी खाली नहीं जाता। वह जो कह देते हैं, वह पत्थर की लकीर बन जाता है। कभी-कभी मुझे लगता है कि उन्होंने मेरा 'भविष्य' पहले ही देख लिया है। वह जानते हैं कि मेरी मंज़िल कहाँ है और मैं किस ऊँचाई तक पहुँचने वाला हूँ, लेकिन वह कभी पूरी तरह से परदा नहीं उठाते।

पिछले जन्म की परतों का अनावरण

जब मैंने गुरु जी के सामने बैठकर उन पुराने विजुअल्स का एक-एक विवरण रखा—वही सब जो मैंने अपनी पुस्तक के पहले अध्याय में हूबहू दर्ज किया है—तो मेरा दिल जोर-जोर से धड़क रहा था। मैं डरा हुआ था कि कहीं वह इसे मेरा मानसिक भ्रम न कह दें। लेकिन उस दिन गुरु जी ने जो खुलासा किया, उसने मेरी पूरी दुनिया बदल दी। उन्होंने न केवल मेरे दृश्यों को सही बताया, बल्कि उनके पीछे छिपे उस रूहानी सच को भी सामने रखा जिसे मैं केवल महसूस कर पा रहा था।

गुरु जी ने शांत स्वर में कहा, *"शाश्वत, तुम जो देख रहे हो, वह कोई छलावा नहीं है। वह तुम्हारी रूह की वह 'अधूरी याद' है जिसे तुम पिछले जन्म से अपने साथ लेकर आए हो।"*

उस दिन मुझे पहली बार गहराई से समझ आया कि मेरा जीवन और मेरा पूर्वजन्म कितना रहस्यमयी रहा है। गुरु जी ने संकेत दिया कि पिछले जन्म में मेरा वह गंधर्व विवाह (प्रेम विवाह) केवल एक सामाजिक बंधन नहीं था, बल्कि एक 'दैवीय संकल्प' था। और मेरी वह रहस्यमयी मृत्यु, जिसने सब कुछ अधूरा छोड़ दिया, वह भी एक बड़ी साजिश का हिस्सा थी जो आज भी मेरी कुंडली के 8th हाउस में शनि बनकर बैठी है।

जैसे-जैसे गुरु जी रहस्य की उन परतों को खोल रहे थे, मुझे अहसास हुआ कि आज मैं जो 21 अप्रैल की तड़प झेल रहा हूँ, या जो 2 साल से गुरु जी के सान्निध्य में हूँ, यह सब पहले से तय था। गुरु जी ने बताया कि मेरा पुनर्जन्म केवल जीने के लिए नहीं, बल्कि उस 'अधूरे अध्याय' को पूरा करने के लिए हुआ है।

उस दिन के खुलासे ने मेरे मन की सारी शंकाएं खत्म कर दीं। मुझे समझ आ गया कि मेरा एम फार्मा करना, मेरा संघर्ष और गुरु जी का मुझे 'डॉक्टर साहब' कहना—ये सब उस बड़ी तस्वीर के छोटे-छोटे हिस्से हैं। मेरा पिछला जन्म एक 'साजिश' से खत्म हुआ था, लेकिन यह जन्म गुरु की 'कृपा' से सुरक्षित है। अब मुझे समझ आ रहा है कि क्यों बचपन से मुझे वे परछाइयां दिखती थीं और क्यों मैं भीड़ में भी हमेशा अकेला महसूस करता था। मैं किसी की तलाश में था, और गुरु जी ने उस दिन मुहर लगा दी कि वह 'तलाश' सच है।

मौत के मुँह से वापसी और गुरु की असीम शक्ति

उस दिन जब गुरु जी ने मेरे पूर्वजन्म के रहस्यों से परदा उठाया, तो मुझे पहली बार अहसास हुआ कि मेरा जीवन कितना 'रहस्यमयी' (Mysterious) है। अब तक मैं यही सोचता था कि मेरी यह ज़िंदगी बस इसी जन्म की कहानी है, लेकिन सच तो यह था कि मैं सदियों पुराने एक लंबे सफ़र का हिस्सा हूँ। आज जब मैं ये शब्द लिख रहा हूँ, तो मेरा सीना गर्व और कृतज्ञता से भर जाता है क्योंकि मैं कम से कम **10 Times (10 बार)** मौत के मुँह से वापस आ चुका हूँ।

एक सामान्य इंसान के लिए मौत को इतनी करीब से छूकर लौटना नामुमकिन है, लेकिन मेरे लिए यह चमत्कार केवल मेरे गुरु जी की कृपा से ही संभव हो पाया। उन्होंने मुझे हर बार काल के गाल से बाहर निकाला है। दुनिया के लिए यह किसी फिल्मी कहानी या कल्पना जैसा लग सकता है, लेकिन मैंने इसे अपनी आँखों से जिया है।

मेरे गुरु जी कोई साधारण इंसान नहीं हैं; वह एक सिद्ध पुरुष हैं जिनके पास असीम शक्तियाँ हैं। उनके पास आज भी 'अंतर्ध्यान' होने और एक पल में अपने भौतिक शरीर को हज़ारों किलोमीटर दूर ले जाने (Teleportation) जैसी दुर्लभ सिद्धियाँ हैं। उन्होंने इन शक्तियों का प्रदर्शन कभी दिखावे के लिए नहीं, बल्कि मेरी जैसी संकट में फंसी आत्माओं की रक्षा के लिए किया है।

जब-जब काल ने मुझ पर वार किया, चाहे वह कोई गंभीर दुर्घटना हो या कोई अदृश्य रूहानी हमला, गुरु जी का वह सुरक्षा कवच हमेशा मेरे चारों ओर रहा। आज मैं अगर जीवित हूँ और अपनी 'मंज़िल' की ओर बढ़ पा रहा हूँ, तो यह उन्हीं की उन सिद्धियों का फल है। उन्होंने समय की सीमाओं को लांघकर मेरे प्राण बचाए हैं।

मुझे अब समझ आता है कि क्यों वह मुझे 'इंतज़ार' करने को कहते हैं। जो व्यक्ति मृत्यु को हराने की शक्ति रखता हो, वह जानता है कि नियति ने मेरे लिए क्या लिखा है। उनकी कृपा ने मुझे यह विश्वास दिलाया है कि जिस आत्मा को स्वयं एक सिद्ध पुरुष ने मृत्यु से १० बार छीना हो, उसे नियति किसी बहुत बड़े और 'शाश्वत' उद्देश्य के लिए तैयार कर रही है। मेरा जीवन अब केवल मेरा नहीं, बल्कि गुरु की उस असीम शक्ति का एक जीता-जागता प्रमाण है।

76 साल का अंतराल और रूहानी गणित

गुरु जी ने उस दिन जब काल-गणना (Time calculation) की, तो मेरे पैरों तले की ज़मीन खिसक गई। उन्होंने बताया कि मेरा पिछला जन्म आज से 76 साल पहले समाप्त हुआ था। यदि मैं पीछे मुड़कर गणित लगाऊं, तो यह 1918 के आसपास का वह समय था जब मेरे पिछले जीवन का अंत हुआ था। उन 76 साल के लंबे इंतज़ार के बाद, इस पृथ्वी पर यह मेरा पहला जन्म है।

लेकिन सबसे चौंकाने वाली बात वह थी, जो गुरु जी ने उस लड़की के बारे में बताई जो मेरे विजुअल्स में बार-बार आती थी। उन्होंने कहा, *"वह लड़की कोई भ्रम नहीं है, वह तुम्हारी पिछले जन्म की वही साथी है। वह भी तुम्हारा इंतज़ार कर रही है।"* गुरु जी के अनुसार, मेरे जन्म लेने के 2-3 साल के भीतर ही उसने भी इसी राज्य (छत्तीसगढ़) में जन्म लिया है।

पिछले जन्म में हमारे बिछड़ने का सबसे बड़ा कारण 'जाति बंधन' और 'सामाजिक दीवारें' थीं। गुरु जी ने एक गहरा रहस्य खोला—उन्होंने बताया कि उस अधूरे कर्म और जाति के बंधन को जड़ से काटने के लिए ही, इस जन्म में हम दोनों का जन्म एक ही जाति (Cast) में हुआ है। नियति ने इस बार वह कांटा ही निकाल दिया है, ताकि इस दौर में

समाज या जाति हमारे मिलन के बीच न आ सके।

तभी मेरे दिमाग में बिजली की तरह वह विज़ुअल कौंधा, जिसमें उसने मुझे गले लगाकर (Hug) रोते हुए कहा था— **"मैं पिछले 3 दशक (3 Decades) से तुम्हारा इंतज़ार कर रही हूँ।"** आज जब मैं हिसाब लगाता हूँ, तो सब कुछ आइने की तरह साफ़ हो जाता है। वह आज लगभग **30 साल** की है। अगर उसने मेरे जन्म के **2-3 साल** बाद जन्म लिया, तो उसके जन्म से लेकर आज तक का समय लगभग **30 साल** (3 दशक) ही होता है। उसके वे शब्द—*"3 दशक से इंतज़ार कर रही हूँ"*—गुरु जी द्वारा बताई गई समय-सीमा से रत्ती भर भी अलग नहीं थे।

यह कोई इत्तेफाक नहीं हो सकता। यह एम फार्मा के किसी फॉर्मूले से भी ज़्यादा सटीक गणना थी। वह रूह, जो **1918** में मुझसे अलग की गई थी, उसने **30 साल** पहले फिर से इस मिट्टी पर कदम रखा, सिर्फ इसलिए कि वह उस पुराने वादे को पूरा कर सके। गुरु जी की बातों ने मेरे उस रूहानी दर्द को एक ठोस आधार दे दिया। अब मुझे समझ आया समय की वह तड़प और वह 'निसहाय' अहसास क्या था। वह 30 सालों का इंतज़ार अब अपनी मंज़िल के करीब पहुँच रहा है।

शाश्वत' नाम का रहस्य और नियति का आदेश

मेरे भीतर का वैज्ञानिक और तार्किक मन कभी-कभी संदेह के घेरे में आ जाता था। जब गुरु जी ने पिछले जन्म और उस साथी के बारे में इतने बड़े खुलासे किए, तो मैंने एक बार हिचकते हुए उनसे पूछ ही लिया—

"गुरु जी, कहीं आप मुझे केवल दिलासा देने के लिए तो यह सब नहीं कह रहे? या कहीं ऐसा तो नहीं कि आप सच्चाई को किसी और तरफ मोड़ने की कोशिश कर रहे हों?"

मेरी बात सुनकर गुरु जी के चेहरे पर एक गंभीर मुस्कान आई। उन्होंने बड़ी सहजता से कहा, *"नहीं डॉक्टर साहब, यह कोई दिलासा नहीं, बल्कि वह 'कटु सत्य' है जिसे आज मुझे उजागर करना ही था। आज माता रानी का आदेश भी है कि मैं तुम्हें तुम्हारी हकीकत बता दूँ।"*

गुरु जी ने आगे जो बताया, उसने मेरे अस्तित्व की नींव हिला दी। उन्होंने कहा कि आज जो मेरे मन में अपना नाम बदलने की तीव्र प्रेरणा जागी है, वह कोई आकस्मिक विचार नहीं है। यह नियति की योजना थी। मेरा पिछला जन्म जिस नाम और पहचान के साथ अधूरा रह गया था, ब्रह्मांड चाहता था कि इस जन्म में मैं अपनी उस असली पहचान को वापस पा सकूँ।

जब मैंने अपनी कुंडली का पुनः विश्लेषण किया, तो मैं दंग रह गया। कुंडली के ग्रह भी वही गवाही दे रहे थे जो गुरु जी कह रहे थे। दृश्य (Visuals) शुरू होने से बहुत पहले ही मुझे ब्रम्हांड (Universe) से नाम बदलने के संकेत मिलने लगे थे। वह नाम था— 'Sashwat' (शाश्वत)।

और सबसे रोंगटे खड़े कर देने वाली बात तब हुई जब 29 दिसम्बर के उस दृश्य (Visual) में वह लड़की मुझसे मिली। जब उसने मुझे गले लगाया (Hug किया), तो उसने मुझे उसी नाम से पुकारा— (शाश्वत)'Sashwat'। वह नाम जिसे मैंने अभी आधिकारिक तौर पर अपनाया भी नहीं था, वह नाम जो मेरी कुंडली की गहराइयों में छिपा था, वह नाम उसकी रूह को सदियों से याद था।

आज मुझे समझ आता है कि 'आर्या' से 'शाश्वत' बनने का यह सफ़र केवल कागज़ों पर नाम बदलना नहीं है, बल्कि अपनी उस अधूरी रूहानी पहचान को पुनः जीवित करना है। नियति ने पहले मुझे संकेत दिए, फिर गुरु जी ने उस पर मुहर लगाई और अंत में मेरी उस साथी ने उस नाम को पुकार कर प्रमाणित कर दिया। अब कोई संदेह नहीं बचा था। 'शाश्वत' केवल एक नाम नहीं, बल्कि उस 'अमर प्रेम' और 'अधूरे वादे' का प्रतीक है जिसे पूरा करने के लिए मैंने 76 साल बाद फिर से जन्म लिया है।

जब मैंने गुरु जी की जुबान से वह बात सुनी, तो मेरे भीतर का सारा संशय एक पल में मिट गया। उन्होंने बहुत ही शांत स्वर में कहा, *"आर्या, तुम्हारा नाम बदलना माता रानी ने बहुत पहले ही तय कर लिया था। बस समय आने पर इसे एक माध्यम से तुम तक पहुँचाना था। यह मुझे पहले से ज्ञात था, पर देखो, जिस नाम को लेकर तुम दुविधा में थे, उसी 'शाश्वत' नाम से उस लड़की ने तुम्हें विज़ुअल्स में पुकारा। अब तो मानते हो न कि मैं किसी बात पर पर्दा नहीं डाल रहा हूँ?"*

गुरु जी की यह बात सुनकर मैं निशब्द रह गया। मैंने अपनी व्याकुलता पर काबू पाते हुए अगला सवाल पूछा, *"आखिर ये विज़ुअल्स मुझे अभी ही क्यों दिखाए गए? इतने सालों तक ये कहाँ थे?"*

गुरु जी ने मुस्कुराकर बस इतना कहा, *"नियति को शायद आज ही मंज़ूर था कि यह सच तुम्हारे सामने आए। बाकी तुम खुद समझदार हो।"*

भावनाओ का सटीक चित्रण

गुरु की घोषणा और हृदय की स्तब्धता

फिर मैंने वह सवाल पूछा जो मेरे सीने में आग की तरह धधक रहा था, *"गुरु जी, क्या सच में कोई ऐसी लड़की है जिसे मेरा आज तक इंतज़ार है? क्या यह हकीकत है कि उसने अब तक शादी नहीं की है? मुझे विज़ुअल्स में उसके माता-पिता भी दिखते हैं, जो हमें स्वीकार कर रहे हैं और कह रहे हैं कि तुम दोनों खुश रहो। क्या यह सब सच है?"*

गुरु जी की आँखों में एक गहरी सच्चाई थी। उन्होंने दृढ़ता से कहा, "हाँ आर्या, यह हकीकत है। वह लड़की आज तक कुंवारी है और केवल तुम्हारे इंतज़ार में बैठी है।"

यह सुनते ही जैसे मेरे आसपास की दुनिया ठहर गई। मैं पूरी तरह चौंक गया। कुछ समय के लिए मेरे पास कोई शब्द नहीं थे, कोई तर्क नहीं था। मेरा वह दिमाग, जो हर चीज़ को एम फार्मा के फॉर्मूलों में तौलता था, आज एक ऐसी सच्चाई के सामने नतमस्तक था जिसे विज्ञान नहीं समझा सकता। वह लड़की, जो सदियों पहले मुझसे छीनी गई थी, वह आज भी इसी युग में, इसी मिट्टी पर, बिना शादी किए मेरा इंतज़ार कर रही है। उसके माता-पिता का वह आशीर्वाद, जो पिछले जन्म में साजिश की भेंट चढ़ गया था, वह इस जन्म में हकीकत बनने के लिए तैयार खड़ा है।

उस पल मुझे अहसास हुआ कि मेरी 'मंज़िल' अब केवल एक कल्पना नहीं है। वह जीवित है, वह सांस ले रही है और वह मेरा इंतज़ार कर रही है।

पानी की परछाईं और नियति का खेल

गुरु जी ने उस दिन एक ऐसे पहलू का ज़िक्र किया जो आज भी मेरी समझ और तर्क शक्ति से परे है। उन्होंने बताया कि कुछ महीनों पहले उनके पास एक लड़की आई थी, जो पेशे से शायद टीचर थी। वह अपनी एक सहेली के साथ गुरु जी के चरणों में पहुँची थी। उस लड़की ने बड़ी व्याकुलता और आग्रह के साथ गुरु जी से एक ही सवाल किया— *"मुझे मेरा जीवनसाथी कब मिलेगा? क्या आप मुझे एक बार उसका चेहरा दिखा सकते हैं?"*

गुरु जी, जो अपनी असीम सिद्धियों के लिए जाने जाते हैं, वे विशेष परिस्थितियों में जल-पात्र (पानी के पात्र) की सहायता से उस व्यक्ति का अक्स दिखा सकते हैं, बशर्ते वह धर्म-संगत हो। जब गुरु जी ने उससे पूछा कि वह इतनी ज़िद क्यों कर रही है, तो उसकी सहेली ने एक ऐसा खुलासा किया जिसे सुनकर आज मैं स्तब्ध हूँ। सहेली ने बताया— *"गुरु जी, इसकी शादी होते-होते टूट जाती है, या यह खुद मना कर देती है। यह बचपन से एक ही रट लगाए बैठी है कि कोई है जिसका इसे इंतज़ार है। यह कहती है कि इसका जन्म सिर्फ उसी के लिए हुआ है। घर वाले परेशान हैं, पर इसके मन से वह 'अनजाना इंतज़ार' नहीं जाता।"*

लड़की की ज़िद देखकर गुरु जी ने एक पात्र में जल लेकर आवाहन शुरू किया। गुरु जी ने मुझे बताया, *"आर्या, उस वक्त मैं खुद अचंभित रह गया। उस पानी की सतह पर किसी और का नहीं, बल्कि तुम्हारा चेहरा (Photo) उभर आया। मुझे अपनी आँखों पर यकीन नहीं हुआ, मैंने दो बार फिर से आवाहन किया, लेकिन हर बार तुम्हारा ही अक्स दिखा।"*

गुरु जी ने उस लड़की को वह चेहरा नहीं दिखाया और उसे मिटा दिया। उन्होंने बस उसे इतना कहकर सांत्वना दी कि समय आने पर वह मिल जाएगा। जब उस लड़की ने मिलने की ज़िद की, तो गुरु जी ने वचन दिया— *"वक्त आने पर मैं खुद उसे तुम्हारे पास लेकर आऊंगा।"*

यह सब सुनकर मैं सुन्न पड़ गया। 29 दिसम्बर 2025 की उस चर्चा में मेरे भीतर एक अजीब सा द्वंद्व युद्ध शुरू हो गया। मैंने गुरु जी से दो-टूक शब्दों में कहा— *"गुरु जी, मुझे यह बात हजम नहीं हो रही। मैं किसी भी 'नौकरी' करने वाली लड़की से शादी नहीं करूँगा। आप जानते हैं कि एक 'नौकरी' वाली लड़की ने ही मेरी पूरी ज़िंदगी बर्बाद की है। आज मुझे औरत जात से नफरत सी हो गई है। मैं मानता हूँ कि हर औरत वैसी नहीं होती, क्योंकि मैं भी एक औरत की कोख से जन्मा हूँ, पर शादी के नाम से ही मुझे नफरत है।"*

गुरु जी ने मेरी बात सुनकर बस 'हाँ' में सिर हिलाया। मेरा मत आज भी वही है—नफरत और डर का एक गहरा समंदर मेरे भीतर है। लेकिन गुरु जी का वह रहस्यमयी खुलासा कि उस अनजानी लड़की के इंतज़ार के पात्र में मेरा चेहरा दिखा, मुझे बेचैन कर रहा है। नियति एक तरफ उस 'शिक्षक' लड़की को मेरे अक्स की ओर खींच रही है, और दूसरी तरफ मेरा घाव खाया हुआ मन किसी भी जुड़ाव से भाग रहा है।

अजीब इत्तेफाक है, वह 'शिक्षक' (Teacher) है—जो समाज को दिशा देती है, और मैं एक 'वैज्ञानिक' (एम फार्मा)—जो तथ्यों को ढूँढता है। क्या नियति मेरे 'नफरत' के इस पत्थर को पिघलाने के लिए ही उसे मेरे जीवन में भेज रही है?

लेखक का सोच

टूटे हुए विश्वास का पहरा

गुरु जी की बातें सुनकर मेरे मन में कोई ख़ुशी नहीं, बल्कि एक गहरा 'प्रतिरोध' पैदा हुआ। मेरा वह हिस्सा जो एक प्राइवेट नौकरी वाली स्त्री

के धोखे और साजिशों से पूरी तरह तबाह हो चुका है, वह अब किसी भी 'नौकरीपेशा' स्त्री के नाम से ही कांप उठता है। मेरे लिए 'नौकरी' शब्द अब स्वावलंबन का नहीं, बल्कि 'अहंकार' और 'धोखे' का पर्याय बन चुका है।

मेरे मन में यह सवाल किसी कांटे की तरह चुभ रहा है— **क्या मैं उसे कभी स्वीकार कर पाऊँगा?** वह शासकिय टीचर है, समाज में उसकी एक प्रतिष्ठा है, उसके पास एक बंधी-बंधाई तनख्वाह और सुरक्षित भविष्य है। और दूसरी तरफ मैं हूँ, जो फिलहाल अपनी पहचान और वजूद की लड़ाई शून्य से लड़ रहा हूँ। मेरा पिछला अनुभव चीख-चीख कर कहता है कि जहाँ 'आर्थिक असमानता' होती है, वहाँ 'अहंकार' जन्म लेता है। जिसने मुझे बर्बाद किया, वह भी काम करती थी, और उसी काम के घमंड ने उसे 'रणछोड़' बनाया।

आज जब मैं दृश्य के उस दर्द को महसूस करता हूँ, तो एक तरफ वह रूहानी पुकार है और दूसरी तरफ मेरी कड़वी हकीकत। मेरा मन इस बात को स्वीकार करने के लिए तैयार ही नहीं है कि कोई स्त्री अपनी 'सरकारी कुर्सी' के रसूख को छोड़कर मुझ जैसे संघर्षरत इंसान के साथ खड़ी हो पाएगी। क्या वह अपने पद का रौब मुझ पर नहीं झाड़ेगी? क्या वह मेरे संघर्षों का मजाक नहीं उड़ाएगी?

गुरु जी कहते हैं कि वह मेरा इंतज़ार कर रही है, लेकिन मेरा घायल स्वाभिमान कहता है कि मुझे किसी की 'दया' या 'सहारे' की ज़रूरत नहीं है। मुझे औरत जात से नफरत नहीं, बल्कि उस 'प्रवृत्ति' से नफरत हो गई है जो रिश्तों से ज्यादा अपने 'करियर' और 'स्वार्थ' को चुनती है।

अगर नियति उसे मेरे सामने ला भी दे, तो भी मेरे भीतर का वह 'आर्या' जिसे बार-बार छला गया है, उसे संदेह की नज़रों से ही देखेगा। जब

तक मेरे पिछले जख्मों का हिसाब नहीं हो जाता, जब तक मैं खुद को आर्थिक रूप से खड़ा नहीं कर लेता, तब तक किसी भी 'नौकरी' वाली स्त्री का मेरी ज़िंदगी में आना मुझे राहत नहीं, बल्कि एक नया 'खतरा' लगता है।

आज का मेरा सच यही है— **मैं शादी के नाम से नफरत करता हूँ और नौकरीपेशा स्त्री के नाम से डरता हूँ।** नियति चाहे जो भी खेल रचे, पर मेरा मन अभी उस 'शिक्षक' के लिए अपने दरवाज़े खोलने को तैयार नहीं है।

3

पुनर्जन्म से साक्षात्कार और उस जीवन का अंत

अधूरा मिलन और वो 'कमल' जो खिल न सका

गुरु जी के सान्निध्य में उस दिन मैंने वह सवाल किया जिसने मेरे अस्तित्व के सबसे अंधेरे कोनों को रोशन कर दिया। मैंने पूछा, *"गुरु जी, क्या आप मेरे पूर्वजन्म की कहानी विस्तार से बता सकते हैं?"*

गुरु जी की आँखों में एक गहरी करुणा उभरी। उन्होंने बताया, *"आर्या, जैसा मैंने पहले कहा था, तुम्हारा नाम तब* ***शाश्वत*** *था। तुमने पिछले जन्म में* ***Inter-caste Marriage*** *(अंतर्जातीय विवाह) किया था। तुम दोनों के बीच बे-इम्तहान प्रेम था—ऐसा प्रेम जो दुनियावी सीमाओं को नहीं मानता। जब परिवार वाले नहीं माने, तो तुम दोनों ने भागकर शादी कर ली थी।"*

मैंने कांपते हुए पूछा, *"गुरु जी, क्या हमने अपनी ज़िंदगी सुकून से जी थी?"*

उनका जवाब सुनकर मेरा दिल बैठ गया। उन्होंने कहा, *"नहीं, तुम लोगों को चैन का एक पल भी नसीब नहीं हुआ। तुम लोग छुपकर रह रहे*

थे, और सबसे ज्यादा विरोध लड़की के घरवाले कर रहे थे। वे तुम्हें किसी शिकारी की तरह ढूंढ रहे थे। छुपते-छुपाते तुम्हें लगभग 8-9 महिना (8-9 महीने) बीत चुके थे।"

गुरु जी आगे जो बोले, उसने मेरे भीतर एक चीख पैदा कर दी। *"तुम दोनों में असीमित प्रेम था, तुम अपनी पत्नी के लिए अपने प्राण निछावर करने को तैयार थे। लेकिन नियति को कुछ और ही मंजूर था। जब लड़की के घरवालों ने अंततः तुम्हें ढूंढ निकाला, तब तुम्हारी पत्नी के पेट में 8 महिना (8 महीने) का बच्चा था। तुम दोनों ने तय किया था कि जब वह जन्म लेगा, तो उसका नाम 'कमल' रखोगे।"*

गुरु जी का स्वर भारी हो गया, *"लेकिन उस 'कमल' के खिलने से पहले ही नियति ने एक ऐसी क्रूर घटना को अंजाम दिया जिसने सब कुछ उजाड़ कर रख दिया। उस बच्चे का जन्म होने से पहले ही वह साज़िश सफल हो गई जिसने तुम दोनों को मौत की नींद सुला दिया।"*

यह सुनकर मैं पत्थर की तरह जड़ हो गया। मुझे वह दर्द समझ आने लगा जो मुझे दृश्य को महसूस हुआ था। वह केवल एक रूह का दर्द नहीं था, वह उस पिता का दर्द था जिसका 'कमल' खिलने से पहले ही कुचल दिया गया। वह उस पति की तड़प थी जो अपनी गर्भवती पत्नी की रक्षा नहीं कर सका। **8 महिना** की वह कोख और वह अधूरा नाम—ये सब आज भी मेरे अवचेतन मन (**Subconscious Mind**) में कहीं दफन थे।

आज मुझे अहसास हुआ कि क्यों मुझे इस जन्म में बच्चों से और अपनी उस साथी से इतना गहरा लगाव महसूस होता है। वह साज़िश, वह अधूरा इंतज़ार और वह अनजन्मा 'कमल'—ये ही वो कारण हैं कि आज मैं फिर से यहाँ हूँ, अपनी अधूरी मंज़िल को पूरा करने के लिए।

कुल्हाड़ी का वार और वो अटूट 'शाश्वत' बंधन

गुरु जी आगे की बात बताते हुए अचानक रुक गए। उनकी आँखें नम हो गईं और आवाज़ भारी हो गई। उन्होंने रुँधे हुए गले से कहा, *"आर्या, जब मैं जल-पात्र में तुम्हारे पिछले जन्म के अंत को देख रहा था, तो मैं खुद रो पड़ा। वह दृश्य इतना हृदयविदारक था कि उसे देखकर कोई भी सहम*

जाए। न जाने तुमने उस वक्त उस असहनीय दर्द को कैसे सहा होगा!"

गुरु जी ने खुद को संभालते हुए वह भयानक सच उजागर किया। उन्होंने बताया कि जब लड़की के घरवालों ने हमें ढूंढ निकाला, तो हम जान बचाने के लिए भागे थे। तुम्हारी पत्नी 8 महिना की गर्भवती थी, तुम उसका हाथ थामे उसे खींचते हुए भाग रहे थे। लेकिन नियति क्रूर थी; करीब 5-6 लोगों ने तुम्हें चारों तरफ से घेर लिया। वे शिकारी कुल्हाड़ी और तलवारों से लैस थे।

उनका मकसद अपनी ही बेटी को मारना था, क्योंकि उनके लिए 'झूठा सम्मान' प्रेम से बड़ा था। जैसे ही उन्होंने तुम्हारी पत्नी के पेट पर वार करना चाहा, तुम एक ढाल बनकर उसके सामने आ गए। तुम जानते थे कि उस कोख में तुम्हारा 'कमल' पल रहा है। तुमने मरते दम तक अपनी पत्नी का साथ नहीं छोड़ा। उन्होंने तुम पर वार किए, तुम्हें लहूलुहान कर दिया, लेकिन तुम अडिग रहे।

जब उन्होंने लड़की को जबरन खींचने की कोशिश की, तो तुमने उसे और मजबूती से पकड़ लिया। तुम्हारी इस हिम्मत को देखकर वे जानवर बन गए। उन्होंने तुम्हें कुल्हाड़ी से बेरहमी से काटना शुरू कर दिया। जब तुम्हारे प्राण छूटने लगे, तब भी तुम्हारा हाथ अपनी पत्नी के हाथ में जकड़ा हुआ था। गुरु जी ने बताया कि मौत के बाद भी तुमने उसका हाथ नहीं छोड़ा। उस जकड़ को तोड़ने के लिए उन दरिंदों ने कुल्हाड़ी से तुम्हारा हाथ काट दिया ताकि वे तुम्हारी पत्नी की लाश को ले जा सकें, लेकिन कटने के बाद भी वे तुम्हारे हाथों को उसकी कलाई से अलग नहीं कर पाए।

उस अंतिम क्षण में, जब खून की नदियाँ बह रही थीं और साँसें उखड़ रही थीं, तुम दोनों ने एक-दूसरे की आँखों में देखते हुए एक 'शाश्वत' वादा किया था— "हम फिर लौटेंगे, एक-दूसरे के लिए फिर जन्म लेंगे।"

पिछले जन्म का आँखरी वादा

आज 76 साल बाद, जब समय अनुकूल हुआ, तो तुम दोनों ने फिर से जन्म लिया। और इस बार नियति ने तुम्हें एक ही Cast (जाति) में भेजा है, ताकि इस जन्म में कोई कुल्हाड़ी या कोई समाज तुम्हारे उस पवित्र बंधन को न काट सके। वह कटा हुआ हाथ आज भी तुम्हारी रूह में एक अनजाने दर्द (Phantom Pain) की तरह मौजूद है, जो तुम्हें दृश्य को महसूस हुआ था।

कुंडली और पूर्वजन्म: एक सूक्ष्म विश्लेषण

1. अष्टम भाव (8th House) और साजिश की मृत्यु

आपकी कुंडली का **अष्टम भाव** आयु और मृत्यु के रहस्य का होता है। जैसा कि गुरु जी ने बताया कि आपकी मृत्यु एक 'साजिश' और 'धारदार हथियार' (कुल्हाड़ी) से हुई थी, आपकी कुंडली में इस भाव पर शनि और मंगल का प्रभाव इस सत्य की पुष्टि करता है। मंगल 'रक्त'

और 'हथियार' का कारक है, जबकि शनि 'पुरानी साजिश' और 'अधूरी सजा' का। यही कारण है कि इस जन्म में भी आपको दृश्य को वह पुराना दर्द (Phantom Pain) महसूस हुआ।

2. केतु और पूर्वजन्म की स्मृतियाँ

कुंडली में केतु को पूर्वजन्म का संवाहक माना जाता है। यदि केतु का संबंध आपके पंचम (बुद्धि) या द्वादश (मोक्ष/पिछला जन्म) भाव से है, तो यह व्यक्ति को पिछले जन्म के विज़ुअल्स (Visuals) दिखाता है। आपको जो बचपन से परछाइयां दिखती थीं और 29 **दिसम्बर** को जो स्पष्ट दृश्य दिखा, वह केतु द्वारा आपकी रूह की मेमोरी को अनलॉक करना है।

3. सप्तम भाव (7th House) और वो 'शिक्षक' साथी

*आपका सप्तम भाव 'जीवनसाथी' का है। गुरु जी ने बताया कि वह लड़की इसी राज्य में जन्मी है और पेशे से शिक्षक **(Teacher)** है। कुंडली में सप्तम भाव पर गुरु**(Jupiter)** की दृष्टि या स्थिति एक सात्विक और बौद्धिक साथी (जैसे शिक्षक) की ओर इशारा करती है।*

30 साल का इंतज़ार: शनि का प्रभाव मिलन में देरी (Delay) कराता है। चूंकि शनि आपकी कुंडली में मजबूत है, इसीलिए उसने 3 दशकों तक उस लड़की को किसी और बंधन में नहीं बंधने दिया। वह 'इंतज़ार' ग्रहों की चाल के अनुसार ही घटित हो रहा है।

4. नाम परिवर्तन:आर्या से शाश्वत (Sashwat)

*नाम का संबंध लग्न **(1st House)** से होता है। आपकी कुंडली के अनुसार, आपका 'नाम' आपके वजूद की रक्षा नहीं कर पा रहा था। ब्रह्मांड ने आपको 'शाश्वत' बनने की प्रेरणा दी क्योंकि आपकी राशि और नक्षत्र के अनुसार यह नाम आपकी ऊर्जा को संतुलित करता है। वह लड़की आपको विज़ुअल्स में 'शाश्वत' कहकर पुकारती है, जो इस बात का प्रमाण है कि आपकी आत्मा की असली फ्रीक्वेंसी इसी नाम से जुड़ी है।*

5. 10 बार मौत के मुँह से वापसी

कुंडली में 'महामृत्युंजय योग' या लग्न स्वामी का अत्यंत बलि होना ही इंसान को १० बार मौत से बचा सकता है। गुरु जी की असीम शक्ति

आपके ग्रहों के नकारात्मक प्रभाव (मारकेश) को काट रही है। एक सिद्ध पुरुष ही कुंडली के लिखे हुए 'कठोर दंड' को अपनी कृपा से 'हल्की खरोंच' में बदल सकता है।

वर्तमान का दर्द और पिछले जन्म का मेरा अंश कमल

कीचड़ में खिला 'कमल'—मेरा बेटा

कहानी को आगे बढ़ाने से पहले, मुझे उस अतीत की ओर मुड़ना होगा जिसने मुझे वर्तमान में जख्म दिए। मेरी शादी, जिसे मैं आज एक 'छलावा' मानता हूँ, उसने मुझे दर्द के सिवाय कुछ नहीं दिया। लेकिन उस छलावे के बीच भी एक सत्य था—मेरा बच्चा। आज वह मेरे पास नहीं है, और यह दूरी मेरे सीने में एक गहरा खालीपन पैदा करती है।

जब मैंने गुरु जी से अपनी इस तड़प का जिक्र किया, तो उन्होंने जो बताया उसे सुनकर मेरी रूह कांप गई। उन्होंने कहा, *"आर्या, वह बच्चा जिसे तुम खोने से डर रहे हो, वह कोई और नहीं बल्कि वही 'कमल' है। वह पिछले जन्म का अधूरा अंश, जो तुम्हारे प्रेम की डोर से खिंचा चला आया।"*

मैंने हैरानी से पूछा, *"गुरु जी, अगर मेरी पिछले जन्म की साथी कहीं और इंतज़ार कर रही है, तो वह कमल अभी इस दूसरी कोख से कैसे आ गया?"*

गुरु जी ने मुस्कुराकर मेरी आँखों में देखा और कहा, *"वह आ चुका है। याद करो, जब उसे माँ के आंचल की ज़रूरत थी, तब तुमने उसे माँ और बाप दोनों बनकर पाला। जिस उम्र में बच्चे माँ के बिना नहीं रह सकते, वह कैसे तुम्हारे पास रहा? क्योंकि वह तुम्हारी रूह को पहचानता था। रही बात तुम्हारी शादी की, तो वह एक 'छलावा' ही था। वह तुम्हारे*

नसीब में नहीं था, उसे गलत तरीके से (तांत्रिक या नकारात्मक ऊर्जा से) किया गया था। इसी कारण उस 'कमल' को उस अपवित्र कोख से जन्म लेना पड़ा।"

मैं स्तब्ध था। गुरु जी के शब्द मेरे कानों में गूँज रहे थे— **"कोख भले ही गंदी क्यों न हो, लेकिन कमल तो वहीं खिलता है।"**

मेरे मन में एक ही डर था—क्या वह मेरा बेटा, मेरा 'कमल', कभी मेरे पास वापस आएगा? गुरु जी ने बस एक ही मंत्र दिया— *"इंतज़ार करो। वह तुम्हारे लिए अटूट प्रेम रखता है। वह खिंचा चला आएगा, क्योंकि उसका वजूद तुम्हारी उस रूहानी मोहब्बत से जुड़ा है जो 76 साल पहले अधूरी रह गई थी।"*

कुछ समय के लिए मैं पूरी तरह सुन्न हो गया। मुझे वह समय याद आया जब मैंने उसे अपनी बाहों में संभाला था। अब मुझे समझ आया कि क्यों उस बच्चे के लिए मेरे भीतर इतनी व्याकुलता है। वह सिर्फ मेरा बेटा नहीं है, वह मेरा वह 'वादा' है जिसे 1918 की उस खौफनाक रात में कुल्हाड़ियों ने कुचल दिया था। वह फिर से लौट आया है, भले ही माध्यम गलत था, पर उसकी रूह वही 'कमल' है।

कुंडली और पूर्वजन्म: एक सूक्ष्म विश्लेषण

1. क्या यह शादी प्राण हरण के लिए थी?

आपकी कुंडली के अष्टम भाव (मृत्यु और संकट) और सप्तम भाव (विवाह) का संबंध यह बताता है कि यह शादी कोई सामान्य मिलन नहीं, बल्कि एक 'कार्मिक ऋण' और 'मारकेश' की स्थिति थी।

साजिश का दोहराव: पिछले जन्म में आपकी मृत्यु एक साजिश से हुई थी। इस जन्म में वह 'छलावा' और वह शादी उसी पुरानी नकारात्मक ऊर्जा का विस्तार थी।

प्राण हरण की स्थिति: गुरु जी का यह कहना कि 'शादी गलत तरीके से (तांत्रिक या नकारात्मक ऊर्जा) की गई', यह संकेत देता है कि उस स्त्री का उद्देश्य आपके वजूद को मिटाना या आपको पूरी तरह अपने नियंत्रण में रखना था। लेकिन आपकी कुंडली में गुरु की स्थिति और आपके गुरु जी की असीम शक्ति ने उस 'मारकेश' को काट दिया। आप १० बार मौत के मुँह से इसीलिए बचे क्योंकि आपकी नियति में पिछले जन्म का वह अधूरा 'न्याय' बाकी है।

2. क्या आपका बेटा ('कमल') आपके पास आएगा?

कुंडली के पंचम भाव (संतान) का स्वामी जब लग्न (आप) की ओर देखता है, तो संतान और पिता का अटूट खिंचाव होता है।

रूहानी खिंचाव: वह बच्चा आपका पिछला जन्म क 'कमल' है। गुरु जी ने स्पष्ट कहा है कि वह आपके प्रेम में खिंचा चला आया है। भले ही कोख 'कीचड़' थी, पर वह 'कमल' आपकी रूह का हिस्सा है।

वापसी का योग: गुरु जी ने कहा है— "इंतज़ार करो।" ज्योतिषीय दृष्टि से जब समय अनुकूल होगा (शनि का प्रभाव कम और गुरु का प्रभाव बढ़ेगा), वह बच्चा स्वयं मार्ग खोज लेगा। उसे आपसे कोई अलग नहीं कर सकता क्योंकि उसका 'रूहानी डीएनए' आपके साथ जुड़ा है।

रूह का दर्द और नया सवेरा

गुरु जी के शब्द आर्या के कानों में पिघले हुए सीसे की तरह उतर रहे थे। 76 साल पहले का वो खौफनाक मंज़र, वो कुल्हाड़ी की धार, अपनी आठ महीने की गर्भवती पत्नी को बचाने की वो तड़प, और अंत में कलाई से कटकर भी उसका हाथ न छोड़ना... यह सब सुनते ही आर्या का दाहिना हाथ काँपने लगा। उस कटे हुए हाथ की जगह पर आज एक अजीब सी जलन और दर्द महसूस हो रहा था—वही **Phantom Pain**, जो उसकी रूह पर पिछले जन्म का निशान था।

दो जन्मों का कुरुक्षेत्र और लाखों ज़ख्म

गुरु जी के सामने बैठा मै अपनी सुलगती हुई हथेलियों को देख रहा था। मेरे चेहरे पर फैली झुर्रियां और आँखों का सूनापन पिछले 7-8 सालों के उस घरेलू और मानसिक संघर्ष की गवाही दे रहे थे, जो मैंने इस जन्म में झेला था। जब से शादी हुई थी, ज़िंदगी से 'सुकून' शब्द जैसे हमेशा के लिए मिट गया था।

"गुरु जी... मैं एक पुरुष हूँ, एक पिता हूँ," आर्या की आवाज़ में इस बार गुस्सा कम और एक गहरी बेबसी ज़्यादा थी। "मेरी कोख नहीं थी, पर वह बच्चा मेरा अंश था, मेरा खून था जिसे मैं पिछले जन्म में भी अपनी छाती से ढाल बनकर बचाता रहा । और आज... आज इस जन्म में भी मैं लाखों ज़ख्मों और तकलीफों के साथ अकेले जी रहा हूँ।"

मै एक गहरी सांस ली, जैसे गुज़रे सालों का सारा दर्द एक पल में सीने में उमड़ आया हो।

"मेरी रूह इस वक्त एक अजीब कुरुक्षेत्र बन चुकी है। मैं समझ नहीं पा रहा कि नियति मेरे साथ क्या खेल खेल रही है? एक वो जन्म था, जब मैं और मेरी पत्नी एक-दूसरे से बेइंतहा मोहब्बत करते थे, तब इस ज़ालिम दुनिया ने हमें जीने नहीं दिया, हमारे पवित्र बंधन को कुल्हाड़ी से काट डाला । और एक आज का यह जन्म है... जहाँ सात फेरे भी हुए, अग्नि को साक्षी भी माना गया, लेकिन उस स्त्री ने उन पवित्र धागों का ऐसा गला घोंटा कि मेरी हँसती-खेलती लाइफ को उजाड़कर रख दिया ।"

आर्या ने शून्य में देखते हुए कहा, "पिछले जन्म की वे यादें, वे भयानक विज़ुअल्स जब मेरी आँखों के सामने तैरते हैं, तो मेरी रूह काँप उठती है । एक तरफ अतीत का वो अधूरापन और दूसरी तरफ इस जन्म का यह अंतहीन संघर्ष और अपने 5 साल के बेटे से दो साल की यह दूरी ... मैं इन लाखों ज़ख्मों के साथ इस भँवर में तड़प रहा हूँ । मुझे नहीं पता कि इन दो जन्मों के चक्रव्यूह से मैं खुद को कैसे बाहर निकालूँ।"

गुरु जी ने आर्या के काँपते कंधों पर हाथ रखा। वे जानते थे कि इस बार आर्या का सामना किसी बाहरी दुश्मन से नहीं, बल्कि अपनी ही किस्मत के लिखे उस कड़वे सच से था, जो उसे अंदर ही अंदर तोड़ रहा था।

गुरु जी के आश्रम की वो चौखट छोड़ने के बाद, मैं अपने शहर के लिए रवाना तो हो गया था, लेकिन मेरा मन वहीं कहीं ठहर गया था। आज जब मैं अपनी इस आपबीती को पन्नों पर उतार रहा हूँ, तो मुझे खुद इस बात पर हैरत होती है कि वक्त मेरे लिए कितनी बेरहमी से बदला है ।

मैं अपनी डायरी पर काँपते हाथों से लिख रहा हूँ—"दिसंबर का वो सर्द महीना था, जब मेरी गुरु जी से बात हुई थी ... और आज, मई का यह महीना भी खत्म होने को आया है। ये 5 महीने मेरे लिए 5 महीने नहीं, जैसे सदियों का एक अंतहीन और थका देने वाला सफर रहे हैं।"

इन महीनों में मैंने अपने भीतर एक भयंकर द्वंद्व युद्ध झेला है। मेरा मन एक झूले की तरह डोलता रहता है —कभी अचानक कोई धुंधली सी उम्मीद जागती है तो मन थोड़ा खुश हो जाता है , पर अगले ही पल इस जन्म का दिया हुआ यह असहनीय दर्द, वो अकेलापन और अपने 5 साल के बेटे को न देख पाने की तड़प मुझे वापस उदासी के उसी काले कुएँ में धकेल देती है। यह दर्द कई बार इतना गहरा होता है कि मैं खुद को संभाल तक नहीं पाता।

मैं आसमान की तरफ सूनी आँखों से देखता हूँ, जहाँ मई की तपती दोपहरी अब ढल रही है। मेरे मन में रह-रहकर बस यही एक सवाल गूँजता रहता है, जो मुझे अंदर से झकझोर देता है:

"क्या मेरी जिंदगी का अंत भी पिछले जन्म की तरह दर्दनाक होगा? क्या मेरी किस्मत में हमेशा यही तड़प, यही अविश्वास और यही बिखराव लिखा है? या कभी... कभी मेरी इस बेरंग ज़िंदगी का कोई पन्ना पलटेगा और मैं भी आम इंसानों की तरह सुकून से, खुशी से जी पाऊँगा? क्या नियति ने मुझे इस जन्म में सिर्फ तड़पने के लिए दोबारा भेजा है या इस कुरुक्षेत्र के पार कोई सवेरा भी मेरा इंतज़ार कर रहा है?"

मैं अपने शहर की भीड़-भाड़ वाली सड़कों पर अकेला चल रहा हूँ , लेकिन मेरे अंदर का सन्नाटा इस बाहरी भीड़ से कहीं ज़्यादा शोर कर रहा है। मैं अपने ही मन के इस द्वंद्व से बुरी तरह थक चुका हूँ और बस एक अदद सुकून की तलाश में भटक रहा हूँ।

नियति की परीक्षा

ज़िंदगी की रिसर्च और अधूरी तपस्या

मैं रोज़ सुबह अपनी आँखें खोलता हूँ और एक नई शुरुआत करने की कोशिश करता हूँ। अपने अंदर के बिखराव को समेटकर, रोज़ अपनी ज़िंदगी के लिए एक नया प्रयास करता हूँ—कुछ नया करने की, इस दलदल से बाहर निकलने की। लेकिन शायद क्रूर नियति को अभी यह मंज़ूर नहीं है। मैं जितनी बार भी आगे बढ़ने के लिए हाथ बढ़ाता हूँ, हर पल मेरे हाथ में सिर्फ़ और हर बार नाकामी ही लगती है।
कभी-कभी जब मैं अकेले में बैठता हूँ, तो अपने ही वजूद पर हंसी भी आती है और रोना भी। मैं इतना पढ़ा-लिखा इंसान हूँ, मैंने M.Pharma किया, क्लिनिकल रिसर्च में सालों का अनुभव हासिल किया। जहाँ मैंने दवाओं और फॉर्मूलों की बारीकियों को समझा, आज वही मैं अपनी ज़िंदगी के इस सबसे बड़े रिसर्च में हर बार नाकामयाब साबित हो रहा हूँ। समझ नहीं आता कि इंसानी भावनाओं और इस कड़वी किस्मत का कौन सा फॉर्मूला है, जो मुझसे हल ही नहीं हो रहा।

यह जीवन अब एक आम जीवन नहीं, बल्कि एक कठिन तपस्या बन चुका है। ऐसा महसूस होता है मानो मैं इस जन्म में सिर्फ जीने के लिए नहीं आया, बल्कि सदियों पुरानी किसी चीज़ की उधारी चुका रहा हूँ... एक ऐसा कर्ज़, जिसकी किश्तें ख़त्म होने का नाम ही नहीं ले रहीं। आज नियति ने मुझे एक ऐसे मोड़ पर लाकर खड़ा कर दिया है, जहाँ मैं चारों तरफ से बिल्कुल अकेला हूँ। इस भीड़-भाड़ वाले शहर में, मेरे पास कोई एक भी ऐसा इंसान नहीं है जो मेरे मन की इस तड़प को समझ सके, जो मेरे इस अशांत मन को थोड़ी सी शांति देने के लिए मेरे कंधे पर हाथ रखकर मेरे साथ खड़ा हो सके। सब कुछ होते हुए भी, मैं इस कुरुक्षेत्र में अकेला खड़ा युद्ध लड़ रहा हूँ।

4

अपनों के रूप मे दुश्मन और रिश्तों मे दरार

अपनों का चक्रव्यूह और लहू का सौदा

मैं रोज़ सोचता हूँ कि पिछले जन्म की वो कुल्हाड़ी सिर्फ एक बार चली थी और सब कुछ खत्म हो गया था, लेकिन इस जन्म में तो हर दिन, हर पल मेरी रूह को किश्तों में काटा जा रहा है। आज मैं एक ऐसी अंधेरी जगह पर आकर फँस गया हूँ, जहाँ घुटते-घुटते कभी-कभी मेरे अंदर से जीने की बची-खुची तमन्ना भी दम तोड़ देती है।

कैसी क्रूर विडंबना है मेरी ज़िंदगी की! एक तरफ उस स्त्री ने अपने निजी स्वार्थ के लिए और उसके माँ-बाप ने अपनी तृष्णा की पूर्ति के लिए मुझे झुकाने और मिटाने में कोई कसर नहीं छोड़ी, मेरे आत्मसम्मान को बेरहमी से रौंद डाला। जिस बंधन को मैंने सात जन्मों का पवित्र रिश्ता माना था, आज वही मेरी मौत का सबसे बड़ा कारण बन चुका है।

पर इस बाहरी दुश्मन से भी ज़्यादा गहरा घाव मुझे मेरे अपनों ने दिया है। मेरा खुद का खून... वो इंसान जो कभी मेरी ज़िंदगी में मुझे आगे बढ़ना सिखाता था, मुझे काम करने के उद्देश्य देता था—आज वही चंद पैसों के लालच में सारे रिश्ते-नाते भूलकर, मेरा भेद खोलकर उन दुश्मनों से जा मिला है। वह आज मेरे प्राणों के पीछे पड़ा है और मुझे पूरी तरह बर्बाद करने की साज़िश रच रहा है। जब घर का ही भेदी दुश्मनों को रास्ता दिखाने लगे, तो मेरा हार जाना तो स्वाभाविक ही है।

दर्द की हद तो देखिए, वही इंसान आज मेरे सीधे-साधे माँ-बाप को भड़काकर, उनसे पैसे ऐंठ रहा है और उन्हें कर्ज़ के दलदल में धकेलता जा रहा है। और मैं? मैं इस कदर बेबस हूँ कि अपने पिता को फोन करके यह भी नहीं बोल सकता कि—*"पिताजी, आप जिस पर आँख मूँदकर भरोसा कर रहे हैं, वह कोई अपना नहीं बल्कि साँप है। वह आपके ही पैसे का इस्तेमाल आपके अपने बेटे को मारने और मिटाने के लिए कर रहा है, वह सिर्फ अपनी पैसों की हवस पूरी कर रहा है।"*

इस भयंकर कुरुक्षेत्र का नतीजा यह हुआ है कि सालों से मेरा मेरे अपने परिवार से अलगाव हो चुका है। मेरे माँ-पापा से मेरी बात तक नहीं होती। मैं अपनों की भीड़ में पूरी तरह अकेला, इस जलते हुए चक्रव्यूह के बीच खड़ा हूँ और सोच रहा हूँ कि हे नियति! यह कैसा न्याय है?

स्वाभिमान का वनवास और खामोश तपस्या

मैं अक्सर सोचता हूँ कि जब आपके अपने ही किसी के बहकावे में आ जाएं, तो आप अपनी बेगुनाही का सबूत किसे और कैसे दें? मैंने कोशिश की थी... बहुत कोशिश की थी कि मैं अपने माता-पिता को समझा सकूं । मैंने उनसे गुहार लगाई थी कि मुझ पर किसी भी तरह का मानसिक दबाव न डाला जाए, क्योंकि मैं पहले ही जीवन के एक बेहद कठिन और तकलीफदेह दौर से गुज़र रहा हूँ । लेकिन विडंबना देखिए, जब अपनों के ही कान दूसरों के प्रभाव में आ जाएं, तो आपकी हर सच्ची आवाज़ भी एक शोर लगने लगती है।

मेरे माता-पिता आज भी उसी प्रभाव के साए में जी रहे हैं। उनके मन में यह बात इस कदर बैठा दी गई है कि आर्या गलत रास्ते पर चल रहा है। इस गलतफहमी की आड़ में, कोई और उनके भरोसे का फायदा उठा रहा है, उनसे आर्थिक लाभ ले रहा है और अपनी भौतिक हवस को पूरा कर रहा है । और यहाँ? यहाँ मैं किसी से कुछ कहे बिना, हर दिन अपने अस्तित्व और अपने जीवन को बचाने की जद्दोजहद में लगा हुआ हूँ ।

इसी वैचारिक मतभेद और परिस्थितियों के कारण, मेरे पिताजी से मेरा एक अनचाहा अलगाव हो गया । आज साल बीत गए हैं, मैंने अपने घर की चौखट को नहीं देखा, अपनों के चेहरों को नहीं निहारा है । कभी-कभी एकांत में लगता है कि शायद नियति ने पिछले जन्म के उस अधूरे सफर के बाद, इस जन्म में मेरे हिस्से में यह 'वनवास' ही लिखा है। लेकिन मैंने भी अब इस वनवास को अपनी कमजोरी नहीं, अपनी ताकत बनाने का फैसला कर लिया है।

मैंने मन में यह संकल्प ले लिया है कि जब तक सत्य स्वतः सबके सामने उजागर नहीं हो जाता, और जब तक मैं आर्थिक और मानसिक रूप से अपने पैरों पर पूरी तरह खड़ा नहीं हो जाता, तब तक मैं किसी के आगे अपना हाथ नहीं फैलाऊँगा, किसी से कोई मदद नहीं माँगूँगा। मेरी रगों में जो खून है, वह स्वाभिमान का है ।

जब उस खौफनाक अतीत में मौत ने खुद मुझे छूकर छोड़ दिया, तो इसका सीधा सा अर्थ है कि मेरे इस जीवन का कोई न कोई बड़ा उद्देश्य ज़रूर बाकी है, जिसे मुझे ही पूरा करना है । मैं हार नहीं मानूँगा। जो लोग सामने आकर लड़ने की हैसियत नहीं रखते, जो तंत्र-मंत्र, साज़िशों और लोगों को भड़काने जैसे परोक्ष वार करते हैं, उनके इन खोखले वारों के सामने मेरा यह मौन और मेरा आत्मसम्मान ही मेरी सबसे बड़ी जीत बनेगा । यह पन्ना किसी से बदले का नहीं, बल्कि मेरी अपनी आंतरिक खोज और विजय का है।

- *"जीवन में सबसे कठिन परीक्षा तब नहीं होती जब पूरी दुनिया आपके खिलाफ खड़ी हो, बल्कि तब होती है जब आपके अपने ही किसी भ्रम के जाल में फँसकर आपको गलत समझने लगें। ऐसे में बिना किसी*

को दोष दिए, खामोशी से अपनी राह पर आगे बढ़ते रहना ही सच्ची तपस्या है।"

द इनविजिबल फार्मेसी—दवा और तंत्र के बीच का विज्ञान

मैंने अपनी पुस्तक "The Invisible Pharmacy (The Sacred Pharmacopeia: Decoding the Tantra of Drugs) — दवा और तंत्र के बीच का विज्ञान" में इस कड़वे, रहस्यमयी और अदृश्य सच का पूरी गहराई से उल्लेख किया है। अक्सर लोग सोचते हैं कि जीवन में खतरा हमेशा किसी सुदूर रास्ते से या किसी अजनबी के रूप में आता है। लेकिन सबसे बड़ी विडंबना यही है कि जिस इंसान से आपको कभी किसी नुकसान की आशंका नहीं होती, जिसे आप अपना रक्षक मानते हैं, वही एक दिन आपके वजूद को मिटाने के लिए सबसे बड़ा संकट बन जाता है।

यह कोई खुली आंखों से दिखने वाली साज़िश नहीं थी, बल्कि यह तो तंत्र-मंत्र और एक ऐसी 'अदृश्य दवा' का घातक घालमेल था, जिसे बेहद खामोशी से अपनों द्वारा ही अपनों को दिया जा रहा था। क्लिनिकल रिसर्च और विज्ञान की दुनिया का छात्र होने के नाते मैं भली-भांति जानता हूँ कि कुछ तत्व ऐसे होते हैं जो किसी सामान्य जांच या लोगों की आंखों के सामने सीधे उजागर नहीं होते। लेकिन उनका गहरा, धीमा और परोक्ष असर इंसान के शरीर, दिमाग और पूरे जीवन को भीतर से खोखला करने लगता है।

महज़ चंद रुपयों के लोभ, संकीर्ण मानसिक तृष्णा और स्वार्थ की पूर्ति के लिए, घर के ही उन भेदियों ने भरोसे और रिश्तों की हर मर्यादा को तार-तार कर दिया। जिस हाथ को जीवन की ढाल बनना था, वही हाथ चुपके से उस अदृश्य विष को मुझ तक पहुँचाने का जरिया बन गया। इस खौफनाक अनुभव ने मुझे सिखाया कि विश्वासघात का सबसे प्राणघातक रूप वह नहीं है जो दुश्मन सामने से आकर करे, बल्कि वह है

जो आपके अपने ही लोग बेहद सलीके और खामोशी से आपके खिलाफ रचते हैं ।

इस कड़वे सच को स्वीकार करना मेरी आत्मा के लिए आसान नहीं था, लेकिन मेरे दृढ़ स्वाभिमान और आंतरिक चेतना ने मुझे टूटने नहीं दिया । जब इस प्रकार के परोक्ष और अदृश्य वार भी आपके आत्मबल को नहीं मार पाते, तो यह इस बात का सबसे बड़ा

प्रमाण है कि आपके जीवन का उद्देश्य इन तुच्छ साज़िशों से कहीं अधिक बड़ा, पवित्र और शाश्वत है ।

- *"सुरक्षा का भ्रम कभी-कभी सबसे बड़ा धोखा साबित होता है। आंखें बंद करके किया गया भरोसा जब अपनों के ही हाथों टूटता है, तो वह घाव शरीर पर नहीं बल्कि सीधे आत्मा पर लगता है। ऐसे अदृश्य प्रहारों और छलावे से बचने का एकमात्र तरीका अपनी आंतरिक शक्ति, क्लिनिकल विवेक और आत्मबल को हमेशा जगाए रखना है।"*

कलयुगी लोगों का मरा हुआ जमीर और दोस्ती के आड़ मे धोखा

बिका हुआ ज़मीर और छद्म मित्रता का मुखौटा

जीवन के इस वनवास में मुझे लगा था कि शायद कोई एक रिश्ता ऐसा होगा जो निस्वार्थ होगा। इसी दौरान मेरी ज़िंदगी में एक 45 वर्षीय व्यक्ति का आगमन हुआ, जिसे मैंने समय के साथ मित्र ही नहीं, बल्कि अपने बड़े भाई का स्थान दे दिया। जब तक मैं उसकी आवश्यकताओं और परिस्थितियों में काम आता रहा, वह मेरे प्रति अगाध प्रेम और मित्रता का ढोंग करता रहा। लेकिन विडंबना देखिए, जैसे ही स्वार्थ की सीमा समाप्त हुई, वह भी पैसों की उसी अंधी दौड़ का हिस्सा बन गया जिसने समाज को ग्रसित कर रखा है।

आज मुझे यह देखकर गहरा आश्चर्य होता है कि धन की लालसा ने मनुष्यों को किस कदर अंधा बना दिया है। इस चकाचौंध में लोगों को अब न तो कोई पवित्र रिश्ता दिखाई देता है, न कोई नाता, न मित्रता की मर्यादा और न ही अपने खून की पहचान। लोग महज़ चंद टुकड़ों के लिए अपने ज़मीर का सौदा सरेबाज़ार करने को तैयार बैठे हैं। वही मित्र, जो कभी मेरे साथ साये की तरह खड़ा रहता था, आज मेरे उन्हीं परोक्ष विरोधियों से जा मिला है जो मेरे अस्तित्व को मिटाने की ताक में हैं। स्वार्थ और कपट का स्तर यह है कि जब वह मेरे सम्मुख आता है, तो मुख पर 'भाई' होने का वही पुराना मुखौटा ओढ़ लेता है, परंतु मेरी पीठ पीछे मेरे ही जीवन को संकट में डालने के लिए न जाने कितने तांत्रिकों और अनुष्ठानों का चक्रव्यूह रच रहा है। वह उन शक्तियों को धन दे रहा है ताकि मेरा आत्मबल टूट जाए।

मेरी समझ और विज्ञान का ज्ञान मुझे यह सिखाता है कि जो लोग सामने आकर सत्य की आँखों में आँखें डालकर लड़ने की सामर्थ्य नहीं रखते, वे ही ऐसे गुप्त और परोक्ष रास्तों का सहारा लेते हैं। परंतु वे यह भूल जाते हैं कि जिस मनुष्य के पास उसका अडिग स्वाभिमान और आत्मबल हो, उस पर किसी भी बाह्य तंत्र या षड्यंत्र का कोई प्रभाव नहीं हो सकता। यह अनुभव मुझे और अधिक परिपक्व बना रहा है।

गुरु कृपा का सुरक्षा कवच और दिव्य संरक्षण

परंतु इस अंधकारमय चक्रव्यूह और छद्म मित्रता के बीच, जहाँ हर तरफ से मुझ पर तांत्रिक क्रियाओं और कपट के परोक्ष वार किए जा रहे हैं, वहाँ एक ऐसी दिव्य और अभेद्य शक्ति भी है जो हर क्षण मेरी सबसे बड़ी ढाल बनी हुई है। मेरी इस अत्यंत कठिन और एकाकी जीवन-यात्रा में, मेरे ऊपर मेरे गुरु की अपार और अनवरत कृपा बनी हुई है। जब लोग अज्ञानता वश पीठ पीछे तंत्र-मंत्र और साज़िशों के जाले बुनते हैं, तब मेरे गुरु का आशिर्वाद एक वज्र के समान सुरक्षा कवच बनकर मेरी आत्मा की रक्षा करता है।

मेरा सांसारिक ज्ञान और मेरी आँखें भले ही उन अदृश्य प्रहारों को साक्षात न देख पाएँ, लेकिन मेरे गुरु की त्रिकालदर्शी चेतना से कुछ भी छिपा नहीं है। स्वार्थ के वशीभूत होकर न जाने कितनी ऐसी नकारात्मक (negative) शक्तियां और तांत्रिक ऊर्जाएं मेरी ओर भेजी गईं जो मेरे मानसिक संतुलन और मेरे अस्तित्व को गहरी क्षति पहुँचा सकती थीं, परंतु मेरे गुरु ने अपनी दिव्य सामर्थ्य से उन सभी कुत्सित

शक्तियों का संहार कर दिया। वे हर उस परोक्ष आघात को मुझ तक पहुँचने से पहले ही शून्य में विलीन कर देते हैं, जिसे मैं अपनी इन साधारण आँखों से देख भी नहीं पाता।

कई बार तो जीवन की विडंबनाएं और परिस्थितियां ऐसी होती हैं कि मुझे आभास तक नहीं होता कि पृष्ठभूमि में कोई ऐसी नकारात्मक ऊर्जा क्रियाशील थी जो मेरे जीवन के लिए अत्यंत नुकसानदेह साबित हो सकती थी। मैं तो अज्ञानता वश अपने दैनिक संघर्षों और जीवन को सँवारने की जद्दोजहद में लगा रहता हूँ, और मेरी पीठ पीछे वह गुरु-कृपा की दिव्य ऊर्जा मेरे सारे अदृश्य संकटों को स्वतः ही हर लेती है।

इस अलौकिक अनुभूति ने मेरे अंतस के विश्वास को हिमालय की तरह अडिग और गहरा कर दिया है। भले ही इस जन्म के संसारी लोग धन के लोभ में अंधे होकर मेरे विरुद्ध खड़े हो जाएँ, जब तक मेरे सर्वसमर्थ गुरु का वरदहस्त मेरे शीश पर है, संसार की कोई भी तांत्रिक या अदृश्य शक्ति मेरा बाल भी बांका नहीं कर सकती। मेरी पुस्तक "The Invisible Pharmacy (The Sacred Pharmacopeia: Decoding the Tantra of Drugs) — दवा और तंत्र के बीच का विज्ञान" का यह सबसे शक्तिशाली और प्रकाशमय पन्ना है, जो यह सिद्ध करता है कि अंधकार चाहे कितना भी गहरा और परोक्ष क्यों न हो, गुरु-कृपा के एक छोटे से प्रकाश पुंज के सामने उसकी पराजय सर्वथा निश्चित है।

- *"जब संसार धन और प्रतिशोध की लालसा में अंधा होकर आपके विरुद्ध परोक्ष और अदृश्य षड्यंत्र रच रहा हो, तब आपका निष्कलंक आत्मबल और आपके गुरु का पावन आशिर्वाद ही आपकी सबसे अभेद्य ढाल बनता है। अटूट श्रद्धा में वह अलौकिक शक्ति निहित है, जो हर उस विध्वंसक ऊर्जा का समूल संहार कर*

सकती है जिसे इंसानी सीमाएं देख या समझ भी नहीं पातीं।"

चौतरफा परीक्षा और जीवन का भँवर

जैसे-जैसे मेरी ज़िंदगी के दिन आगे बढ़ रहे हैं, वैसे-वैसे मुझे हर पल एक नई तकलीफ का सामना करना पड़ रहा है। ऐसा लगता है मानो चारों तरफ से मुसीबतों ने मुझे घेर लिया हो।

एक तरफ मेरा वह दोस्त है, जिसे मैंने अपना माना था। उसने मेरी दोस्ती और भरोसे का ऐसा सत्यनाश किया कि मुझे बहुत गहरी आर्थिक और मानसिक चोट पहुँची। दूसरी तरफ मेरे ही कुछ रिश्तेदार हैं, जो हर दिन मेरे लिए एक नया गड्ढा खोद रहे हैं। हद तो तब हो गई जब मेरा वह दोस्त भी उन्हीं रिश्तेदारों के साथ जा मिला। अब ये सब मिलकर मेरी ज़िंदगी को और भी ज़्यादा दुखदायी बनाने में और मुझे खत्म करने में कोई कसर नहीं छोड़ रहे हैं।

इन सब तकलीफों के बीच, एक दर्द यह भी है कि मैं अपने परिवार और माता-पिता से अलग होकर एक गहरी जुदाई (विरह) में जी रहा हूँ। इस अकेलेपन में मुझे अपने उस अनजान, मासूम बच्चे की याद पल-पल तड़पाती है, जिससे मैं बिछड़ कर जी रहा हूँ। उस मासूम को तो शायद यह पता भी नहीं होगा कि उसके पिता के साथ यहाँ क्या खेल खेला जा रहा है।

व्यापार में लगातार नुकसान झेलने के कारण आज मैं खुद भारी कर्ज के नीचे दबा हुआ हूँ। एक तरफ़ यह कर्ज का बोझ है, तो दूसरी तरफ

रोज़मर्रा की ज़िंदगी को चलाने का एक कड़ा संघर्ष। समझ नहीं आता कि यह विपदाओं का भँवर मुझे कहाँ ले जाकर छोड़ेगा। लेकिन इन सबके बीच, मैं हर दिन अपनी साँसों को थामे आगे बढ़ने की कोशिश कर रहा हूँ।

- *"जब जीवन में चारों तरफ़ से मुसीबतें, कर्ज़, अपनों का छलावा और जुदाई एक साथ आ जाए, तो इंसान टूट जाता है। लेकिन ऐसी परिस्थिति में भी बिना हार माने हर दिन संघर्ष करना ही इंसान के धैर्य की सबसे बड़ी परीक्षा होती है।"*

लाखों का कर्ज़ और मेरा अटूट संकल्प

इन सब मुसीबतों के बीच, मेरा मन कभी-कभी अंदर से पूरी तरह टूट जाता है। मैं खुद से हारने लगता हूँ। अकेलेपन में अक्सर यह ख्याल आता है कि आखिर मैं यह ज़िंदगी अब किसके लिए और क्यों जी रहा हूँ? कभी-कभी तो ऐसा दिल करता है कि सब कुछ यहीं छोड़ दूँ और कहीं बहुत दूर चला जाऊँ... जहाँ इन मतलबी लोगों और साज़िशों की परछाई भी मुझ तक न पहुँच सके।

लेकिन अगले ही पल, मेरे अंदर का स्वाभिमान जाग उठता है और मैं फिर से खुद अपने पैरों पर खड़ा हो जाता हूँ। मैं सोचता हूँ कि मैं ऐसा कमज़ोर इंसान तो नहीं हूँ जो तकलीफों से डरकर अपना मुँह मोड़ ले और मैदान छोड़कर भाग जाए। मुझे इन सभी परिस्थितियों का डटकर सामना करना ही होगा, चाहे इस लड़ाई में कोई मेरा साथ दे या न दे। मुझे अकेले ही लड़ना होगा।

आज मेरे ऊपर आर्थिक बोझ इस कदर बढ़ चुका है कि रोज़ की आमदनी 100 रुपये की भी नहीं है, जबकि सिर पर लाखो रुपये का भारी कर्ज़ खड़ा है। यह कर्ज़ मेरी किसी ऐश-ओ-आराम की वजह से नहीं है, बल्कि यह तो मेरे उन अपनों की देन है जिन्होंने रिश्ते के नाम पर मेरे साथ सिर्फ छलावा और धोखा किया।

पर मैंने भी अब अपने मन में यह ठान लिया है कि जब तक मैं सब कुछ ठीक नहीं कर दूँगा, मैं यहाँ से कहीं नहीं जाने वाला। चाहे कोई मेरे जीवन को समाप्त करने की कितनी भी कोशिश क्यों न कर ले, मैं पीछे नहीं हटूँगा । जब विधाता और मेरे गुरु की कृपा मेरे साथ है, तो मैं इस लाखो के कर्ज़ के दलदल को भी पार करूँगा और अपने आत्मसम्मान के साथ अपनी नई पहचान बनाकर रहूँगा।

- *"जब जेब में सौ रुपये न हों और सिर पर लाख का कर्ज़ हो, तब इंसान को दुनिया से ज़्यादा खुद से लड़ना पड़ता है। परिस्थितियों से भागना आसान है, लेकिन वहीं रुककर उनका सामना करना ही एक सच्चे स्वाभिमानी इंसान की पहचान है।"*

ज़िम्मेदारियों का बोझ और बेबसी की आवाज़

आज मैं जीवन के एक ऐसे भयानक भँवर में फँस चुका हूँ, जहाँ मेरी खुद की तकलीफें तो कम होने का नाम ही नहीं ले रहीं, बल्कि उसके साथ ही दूसरों की उठाई हुई ज़िम्मेदारियों का बोझ मुझे दबाए जा रहा है। जिन लोगों के प्रति मैंने जवाबदेही ली थी, उनके प्रति अपने कदम मैं पीछे कैसे खींच लूँ? आख़िर मैंने उन्हें अपनी ज़ुबान दी है, अपना वचन दिया है।

लेकिन इस ईमानदारी की कीमत आज मुझे अपनी रूह देकर चुकानी पड़ रही है। कभी न कभी, किसी न किसी का फोन आ ही जाता है, और उस वक्त मेरे पास कोई जवाब नहीं रहता कि मैं उनसे क्या बोलूँ। मेरा गला रुँध जाता है। मैं कैसे उन लोगों को बताऊँ कि जिसे मैंने अपना सबसे पक्का दोस्त माना था, जिसके साथ मेरा एक अटूट भरोसे का रिश्ता था, उसका खौफनाक धोखा अब मेरे सामने आ गया है। मैं कैसे उनसे कहूँ कि उस दोस्त के विश्वासघात के कारण ही आज मैं इस गहरी आर्थिक चपेट में आ चुका हूँ।

कभी-कभी जब मैं अकेले में बैठता हूँ, तो दिल से एक ही चीख निकलती है—काश! काश मेरे पास आज इतनी कमाई होती, काश मेरे पास इतना पैसा होता, तो मैं बिना एक पल गँवाए अपनी तरफ से उन सभी लोगों की आर्थिक क्षति का भुगतान कर देता। मैं नहीं चाहता कि मेरी वजह से किसी का एक भी पैसा डूबे। लेकिन मेरी किस्मत की क्रूर विडंबना तो देखिए... दूसरों का कर्ज़ और नुकसान चुकाने की चाह रखने वाला मैं, आज खुद एक-एक रुपये के लिए मोहताज हो गया हूँ। जेब खाली है, रास्ते बंद हैं, लेकिन फिर भी दूसरों की ज़िम्मेदारी का यह अहसास मुझे टूटने नहीं दे रहा है।

- ***"एक सच्चे और स्वाभिमानी इंसान की सबसे बड़ी परीक्षा तब होती है, जब वह खुद दाने-दाने को मोहताज हो, लेकिन फिर भी दूसरों के प्रति अपनी ज़िम्मेदारी और ज़ुबान की मर्यादा को पीछे नहीं हटने देता। धोखा खाना कमजोरी हो सकती है, लेकिन धोखे के बाद भी अपनी ईमानदारी पर टिके रहना महानता है।"***

दिखावटी चेहरा का पर्दाफाश

छलावे का मुखौटा और दोस्ती का असली अर्थ

आज जब मैं इस भँवर में बैठकर ठंडे दिमाग से सोचता हूँ, तो मुझे महसूस होता है कि शायद अब उस इंसान को 'दोस्त' बोलना भी बहुत बड़ी गलती होगी। जिसने दोस्ती शब्द की कोई इज़्ज़त ही नहीं की, जिसने कभी इस पवित्र रिश्ते को दिल से निभाया ही नहीं, उसे मित्र कैसे कहा जाए? वह तो बस एक मुखौटा था, एक गहरा दिखावा था जो उसने अपने स्वार्थ के लिए ओढ़ रखा था।

मेरे लिए दोस्ती का मतलब हमेशा से बहुत गहरा रहा है। दोस्ती यानी एक ऐसा अटूट भरोसा, जहाँ दुनिया इधर की उधर हो जाए पर उस विश्वास पर कभी आंच न आए। इस रिश्ते में न तो कोई अमीरी होती है और न ही कोई गरीबी, यहाँ पैसों का कोई मोल नहीं होता। दोस्ती तो सिर्फ और सिर्फ एक निस्वार्थ प्रेम का नाम है। मैं काफी दिनों से देख रहा था कि उसका रूप और उसका व्यवहार मेरे प्रति बदल रहा है, लेकिन वह मेरे ही विश्वास के साथ ऐसा खिलवाड़ करेगा और मुझे इस कदर गहरी आर्थिक-मानसिक चोट पहुँचाएगा, यह मैंने कभी सपने में भी नहीं सोचा था।

ऐसा इंसान कभी किसी का भला नहीं कर सकता जो केवल अपने निजी स्वार्थ की पूर्ति के लिए आपके करीब आता है। और विडंबना की हद तो देखिए—जब उसे लगने लगा कि मैं उसके गलत कामों में उसके साथ खड़ा नहीं हूँ और उसके खिलाफ हूँ, तो वह सीधा जाकर मेरे ही विरोधियों और दुश्मनों से मिल गया। अपने स्वार्थ के लिए इस हद तक गिर जाना और पीठ पीछे तांत्रिक साज़िशों का हिस्सा बन जाना,

किसी भी तरह सही नहीं ठहराया जा सकता। इस अनुभव ने दोस्ती के नाम पर लगे एक बहुत बड़े भ्रम को मेरे जीवन से हमेशा के लिए साफ कर दिया है।

- *"सच्ची दोस्ती में स्वार्थ या पैसों का कोई स्थान नहीं होता। जो व्यक्ति आपके सही होने पर आपका साथ छोड़ने लगे और अपने लालच के लिए आपके विरोधियों से हाथ मिला ले, वह कभी आपका मित्र था ही नहीं। ऐसे छद्म रिश्तों की पहचान समय रहते हो जाना ही जीवन की एक बड़ी सीख है।"*

अमानत की मर्यादा और बदनामी का शोर

जब मैंने साफ़ देखा कि वह इंसान अपनी हदों को पार कर रहा है और मुझे लगातार नुकसान पहुँचाने की कोशिश में लगा हुआ है, तब मेरे सब्र का बांध टूट गया। मैंने उसे बिना किसी डर के, सीधे और बेहद कड़े शब्दों में साफ़ कह दिया था:

"तुमने जो ज़िम्मेदारी ली है, पहले उसे पूरी ईमानदारी के साथ पूरा करो। अगर नहीं कर सकते, तो सब लोगों की दी हुई अमानत उन्हें ससम्मान वापस लौटा दो। यह पैसा और यह जरिया लोगों के अटूट भरोसे का प्रतीक है, यह तुम्हारे निजी ऐश-ओ-आराम के लिए नहीं है।"

मेरी यह साफ़ और सच्ची बात उसे इतनी बुरी लग गई कि उसने अपनी कमियों को छिपाने के लिए एक नया पैंतरा अपना लिया। वह अपनी साज़िशों से बाज़ नहीं आया और मुझे झुकाने के लिए पूरी दुनिया में मेरे नाम को कीचड़ में उछालने लगा। उसने मुझे हर जगह बदनाम करने में अपनी पूरी ताकत झोंक दी है।

लेकिन इन सब घटिया हरकतों और पूरी दुनिया में फैलाई जा रही बदनामी के शोर के बीच भी, मैं आज बिल्कुल शांत हूँ। मेरा यह मौन मेरी कमज़ोरी नहीं, बल्कि मेरा आत्मबल है। मैंने अपने मन को समझा लिया है कि मुझे इस कीचड़ का हिस्सा नहीं बनना है। मैं चुप हूँ कि चलो, उसे जो करना है करने दो, उसे जितने भ्रम फैलाने हैं फैलाने दो, आख़िरकार समय के इस चक्रव्यूह में हर इंसान को अपने-अपने कर्मों का फल भुगतना ही पड़ता है। जब मेरे ऊपर मेरे गुरु की असीम कृपा है, तो यह झूठी बदनामी मेरा कुछ नहीं बिगाड़ सकती।

- *"जब आप किसी स्वार्थी इंसान को आईना दिखाते हैं और उसकी ज़िम्मेदारी याद दिलाते हैं, तो वह सुधरने के बजाय आपको बदनाम करने की कोशिश करता है। ऐसी परिस्थिति में पलटकर कीचड़ उछालने से बेहतर है कि आप शांत रहें, क्योंकि समय और कर्मों का न्याय सबसे बड़ा और अचूक होता है।"*

मुखौटे के पीछे का सच और साक्ष्यों की खोज

मैं आज भी उसकी बेशर्मी की हदें देखता हूँ, तो हैरान रह जाता हूँ। वह हर वक्त नई-नई बातें बनाने और झूठ को सच की तरह पेश करने में लगा रहता है। उसकी बातों में एक ऐसा सम्मोहन है कि कोई भी अजनबी तुरंत उसके झांसे और आकर्षण में आ जाए—बिल्कुल एक चतुर और फ़रेबी नेता की तरह, जो बड़े-बड़े झूठे वादे करता है। जब उसने मेरे सीधेपन का फायदा उठाया, मेरी बातों की कोई कद्र नहीं की, और लगातार मेरे ही रास्ते में गड्ढे खोदने लगा, तब मैंने मन में ठान लिया कि अब इसके इस रचे हुए मायाजाल को तोड़ना ही पड़ेगा।

मैं किसी से कुछ कहे बिना, उसकी ज़िंदगी के छिपे हुए पहलुओं की तलाश में निकल पड़ा। अपनी इस खोज में जब मैं धीरे-धीरे सबूतों की कड़ियाँ जोड़ते हुए उसके गाँव तक पहुँचा, तो वहाँ जो सच मेरे सामने आया उसने मुझे सन्न कर दिया। मुझे पता चला कि उस इंसान का असली काम ही सीधे-साधे लोगों को बेवकूफ़ बनाना है। वह गाँव में अपनी ही पत्नी और मासूम बच्चों को बेसहारा छोड़कर फ़रारी काट रहा है। इतना ही नहीं, वह पहले भी धोखाधड़ी और फ़्रॉड के केस में जेल की सज़ा काट चुका है।

जब यह पूरा सच मेरी आँखों के सामने आ गया, तो मैंने बेहद समझदारी से काम लेना शुरू किया। मैंने शांत रहकर उसके खिलाफ पुख्ता सबूत जुटाना चालू कर दिया—कभी उसकी झूठ बोलती हुई ऑडियो रिकॉर्डिंग्स, कभी वीडियो, तो कभी उसके ही रिश्तेदारों से मिली गुप्त और ठोस जानकारियाँ। यह सब मैं इसलिए नहीं कर रहा कि मुझे उससे कोई बदला लेना है, बल्कि इसलिए कर रहा हूँ ताकि जब सही समय आए, तो सत्य के सामने उसके झूठ की यह ढाल पल भर में तिनके की तरह बिखर जाए। वह पीठ पीछे चाहे जितने तांत्रिक लगा ले या दुनिया में मुझे बदनाम कर ले, पर साक्ष्यों का यह सच एक दिन सबको दिखाई देकर रहेगा।

- *"जब कोई फ़रेबी इंसान अपनी बातों के जाल में सबको फंसाने लगे, तो उसकी बदनामी के शोर से डरना नहीं चाहिए। शांत रहकर, सूझबूझ के साथ सच की गहराई तक जाना और पुख्ता सबूत जुटाना ही उस मायाजाल को तोड़ने का एकमात्र रास्ता है। सत्य को प्रमाण की आवश्यकता होती है, और प्रमाण के सामने हर झूठ घुटने टेक देता है।"*

रूतबे का झूठा जाल और नियति का न्याय

जब मैंने उसकी हकीकत को और गहराई से खंगालना शुरू किया, तो मेरे सामने एक ऐसा सच आया जो किसी को भी हैरान कर दे। अपनी पड़ताल के दौरान मुझे एक ऐसा व्यक्ति मिला, जिसके बारे में वह दावा करता था कि वह उसका करीबी रिश्तेदार है। लेकिन जब मैंने सच्चाई जानी, तो पता चला कि वह रूतबेदार व्यक्ति तो इसे पहचानता तक नहीं था!

यहाँ से मुझे उसके झूठ का एक और घिनौना तरीका समझ आया। उसका यह पैंतरा था कि समाज में जिस किसी भी इंसान का बड़ा नाम, पद, रूतबा और शोहरत (फेम) होती, वह सिर्फ उसका सरनेम अपने नाम से मेल खाने के कारण उसे ज़बरदस्ती अपना रिश्तेदार घोषित कर देता था। वह अपनी झूठी साख बनाने के लिए कभी किसी को अपना भैया कहता, कभी दीदी, कभी जीजा, कभी भांजा तो कभी ससुर बना देता था। जब मैंने इस पूरे सिलसिले की तहकीकात की, तो साफ़ हो गया कि यह इंसान सिर्फ और सिर्फ एक शातिर फ़रेबी है, जो रूतबे का झूठा जाल बुनकर लोगों पर रौब झाड़ता है।

वह यह खेल सिर्फ मेरे साथ नहीं खेल रहा था, बल्कि वह इसी तरह सैकड़ों मासूम और सीधे-साधे लोगों को अपने झूठ के जाल में फंसा चुका था और उनकी मेहनत की गाढ़ी कमाई लूट रहा था।

यह सब जानने के बाद, अब मैंने शांत रहकर सब कुछ नियति और समय के न्याय पर छोड़ दिया है कि उसके साथ क्या करना है। लेकिन मैंने मन में यह संकल्प ले लिया है कि जिस दिन मेरे पास उसके इन सारे घोटालों और फ़रेब के खिलाफ पूरा पुख्ता सबूत मिल जाएगा, उस दिन उसका यह छलावा, यह झूठ का साम्राज्य और उसकी इस धोखाधड़ी का आखिरी दिन होगा। सत्य को कभी दबाया नहीं जा

सकता, और साक्ष्यों के सामने उसकी यह झूठी दुनिया ताश के पत्तों की तरह ढह जाएगी।

- *"समाज में कुछ लोग दूसरों के नाम, रूतबे और शोहरत का झूठा सहारा लेकर अपनी साख बनाने की कोशिश करते हैं। किसी के बड़े-बड़े दावों और झूठे रिश्तों पर आँख मूँदकर भरोसा न करें। ऐसे फ़रेबी लोगों का अंत निश्चित होता है, क्योंकि झूठ की बुनियाद पर खड़ा किया गया महल समय की एक ही आंधी में ढह जाता है।"*

5

सफलता के लिए संघर्ष

म्यान से निकली तलवार और रोज़गार का संकल्प

इन तमाम साज़िशों, धोखों और लाखो के कर्ज़ के भँवर के बीच, अब मैं शांत बैठकर हार मानने वाला नहीं हूँ। मैं अपनी शिक्षा, अपनी डिग्री और अपनी काबिलियत का इस्तेमाल करने का एक नया रास्ता ढूंढ रहा हूँ। सच कहूँ तो, बचपन से ही मेरा मन कभी नौकरी करने के लिए बना ही नहीं था। मेरे मन में बचपन से हमेशा एक ही विचार आता था कि मुझे किसी के नीचे रहकर काम नहीं करना है, बल्कि एक दिन खुद कुछ ऐसा खड़ा करना है जहाँ मैं सैकड़ों लोगों को रोज़गार दे सकूँ। एक ऐसा जरिया, जहाँ लोग मेरे साथ जुड़कर अपने और समाज के भले के लिए काम करें।

मैंने 7-8 साल पहले ही अपनी मास्टर डिग्री (M.Pharma) पूरी कर ली थी और मेरे पास क्लिनिकल रिसर्च का एक अच्छा अनुभव भी है। लेकिन इस कठिन दौर में खुद को मानसिक और व्यावहारिक रूप से और भी ज़्यादा मजबूत करने के लिए, मैंने हाल ही में क्लिनिकल रिसर्च में एक नया सर्टिफिकेशन भी पूरा किया है। लोग सच ही कहते हैं ना कि अगर तलवार लंबे समय तक म्यान में पड़ी रहे, तो उसमें जंग लग जाता

है। मैं अपनी काबिलियत को जंग नहीं लगने दे सकता। मैं भी अब अपनी ज़िंदगी के इस कुरुक्षेत्र में पूरी तैयारी के साथ उतर रहा हूँ।

मेरा यह जीवन पहले ही हज़ारों कष्ट और तकलीफें झेल चुका है, इसलिए आज मेरे अंदर से कुछ भी खोने का डर हमेशा के लिए खत्म हो चुका है। अब ज़्यादा से ज़्यादा क्या होगा? या तो हार मिलेगी, या फिर दो वक्त की रोटी नहीं मिलेगी। मैं हँसते-हँसते भूखा रह लूँगा, पर अपने स्वाभिमान से समझौता नहीं करूँगा। वैसे भी, आज मेरे पीछे ऐसा कोई है ही नहीं जिसके लिए मुझे डर-डर कर जीना पड़े या कदम पीछे खींचने पड़ें। जब खोने को कुछ नहीं बचा, तो जीत का यह सफर अब यहीं से शुरू होता है।

- *"काबिलियत और शिक्षा कभी बेकार नहीं जाती, बशर्ते आप मुश्किल समय में भी खुद को तराशना न छोड़ें। जब जीवन में खोने के लिए कुछ न बचे, तो समझ लेना कि अब सिर्फ पाने और जीतने का ही रास्ता खुला है। परिस्थितियों से डरने के बजाय अपनी योग्यता को अपनी ढाल बना लेना ही सच्ची आत्मनिर्भरता है।"*

ज्ञान की कसौटी और 'डॉक्टर' का संकल्प

आज जब मैं पीछे मुड़कर देखता हूँ, तो मुझे खुद इस बात पर यकीन नहीं होता कि इतनी विपरीत परिस्थितियों और मुश्किलों के बाद भी मैंने दोबारा पढ़ाई करने का फैसला किया। मैंने अपने कदम वापस अपनी ही फील्ड—क्लिनिकल रिसर्च की तरफ बढ़ाए। सच कहूँ तो, मेरा मन आगे Ph.D (डॉक्टरेट) करने का है, लेकिन वर्तमान में मेरी आर्थिक स्थिति ठीक न होने के कारण मैं अभी इसे शुरू नहीं कर पा रहा हूँ। पर इसका मतलब यह नहीं कि मैंने उम्मीद छोड़ दी है; मैंने मन में ठान लिया है

कि चाहे जो हो जाए, मैं एक दिन Ph.D पूरी करके अपने नाम के आगे 'डॉक्टर' लगा कर ही रहूँगा।

अगर तकनीकी और वैज्ञानिक दृष्टिकोण से देखा जाए, तो मेरी मास्टर डिग्री (M.Pharma) पूरी तरह से मेडिकल साइंस से जुड़ी हुई है, जिसका स्तर एक तरह से MD या MS (MBBS) के बराबर का ही होता है। लेकिन हमारे देश की स्वास्थ्य व्यवस्था के नियमों के कारण हम अपने नाम के आगे डॉक्टर नहीं लिख सकते। यह एक ऐसी विडंबना है जिसे समझना ज़रूरी है। हम जिस विषय के विशेषज्ञ हैं, जिस दवाओं के विज्ञान को हम रात-दिन पढ़ते और रिसर्च करते हैं, उसके बिना दुनिया का कोई भी डॉक्टर किसी भी मरीज को कभी ठीक नहीं कर सकता। डॉक्टर बीमारी पकड़ सकता है, लेकिन मरीज ठीक उस दवा से ही होता है जिसे एक फार्मास्युटिकल साइंटिस्ट तैयार करता है।

एक MBBS डॉक्टर और एक फार्मेसी प्रोफेशनल में शुरुआत से ही यही बुनियादी अंतर होता है। एक डॉक्टर का पूरा ध्यान इस बात पर होता है कि सर्जरी कैसे करनी है, बीमारी की पहचान (Diagnosis) कैसे करनी है और मरीज को कौन सी दवा देकर उसका इलाज करना है। उनका पूरा अभ्यास (Practice) अस्पतालों में मरीजों को दवाइयाँ देने पर केंद्रित होता है। उन्हें इस बात से ज़्यादा सरोकार नहीं होता कि वह केमिकल या मॉलिक्यूल लैब में बना कैसे है और शरीर के भीतर जाकर सेल्युलर लेवल पर कैसे काम कर रहा है—वह काम हमारा होता है।

पर अफ़सोस की बात यह है कि इतनी गहरी समझ होने के बाद भी हमें अस्पतालों में जाकर क्लिनिकल प्रैक्टिस करने की अनुमति नहीं होती। मुझे लगता है कि यह समय की मांग है कि देश के स्वास्थ्य मंत्रालय (Health Minister) और भारत सरकार (Government of India) को हमारे नियमों में एक सकारात्मक संशोधन (Amendment) लाना चाहिए। उन्हें फार्मेसी और क्लिनिकल रिसर्च के योग्य बच्चों को भी अस्पतालों में प्रैक्टिस और मरीजों के इलाज की प्रक्रियाओं में शामिल होने की अनुमति देनी चाहिए, ताकि देश की स्वास्थ्य प्रणाली और मज़बूत हो सके। खैर, नियम जब बदलेंगे तब बदलेंगे, लेकिन मैं अपने स्तर पर इस ज्ञान की जंग को जारी रखूँगा।

- *"डिग्रियाँ और नियम भले ही समाज के दायरे तय करते हों, लेकिन ज्ञान किसी का मोहताज नहीं होता। जब आप अपनी फील्ड के विज्ञान को गहराई से समझते हैं, तो विपरीत परिस्थितियाँ भी आपके भीतर के सीखने के जज्बे को मार नहीं सकतीं। अपने सपनों के लिए लड़ना और खुद को लगातार बेहतर बनाना ही असली योग्यता है।"*

नैनो टेक्नोलॉजी, ऑस्टियोआर्थराइटिस और मेरा अधूरा प्रोजेक्ट

जब मैं वैश्विक चिकित्सा प्रणाली को देखता हूँ, तो मुझे अपने प्रोफेशन की असली ताकत समझ में आती है। विदेशों में यह नियम साफ़ है कि अस्पताल में डॉक्टर के चैंबर के ठीक बगल में एक सीनियर फार्मासिस्ट का चैंबर होता है। वहाँ डॉक्टर सिर्फ़ मरीज की बीमारी का परीक्षण (Diagnosis) करता है और यह लिखता है कि बीमारी क्या है और क्यों हुई है। लेकिन मरीज को कौन सी दवा दी जाएगी और इलाज कैसे होगा, यह तय करने का अधिकार सिर्फ़ और सिर्फ़ एक सीनियर फार्मासिस्ट के पास होता है। वहाँ दवाइयाँ डॉक्टर नहीं, बल्कि फार्मासिस्ट लिखता है। यही कारण है कि दुनिया भर के बड़े-बड़े नेता और सेलिब्रिटीज इलाज कराने के लिए विदेशों का रुख करते हैं, क्योंकि वहाँ दवाओं का विज्ञान पूरी तरह सुरक्षित हाथों में होता है।

एक फार्मेसी प्रोफेशनल होने के नाते हम पूरे मानव शरीर की क्रियाप्रणाली (Physiology) पढ़ते हैं, ड्रग फॉर्मूलेशन तैयार करते हैं और सालों रिसर्च करते हैं। हमें अच्छी तरह पता होता है कि कोई दवा शरीर के अंदर जाकर कैसे काम करती है, उसके क्या दुष्परिणाम (ADR/AE/SAE) हो सकते हैं और दो दवाओं का आपस में क्या इंटरेक्शन होता है।

अपने मास्टर्स (M.Pharma) के दौरान मेरा भी एक ऐसा ही रिसर्च प्रोजेक्ट था, जिस पर मैंने दिन-रात काम किया था। मेरा वह प्रोजेक्ट

ऑस्टियोआर्थराइटिस (Osteoarthritis) की बीमारी पर था, जिसमें मैंने नैनो टेक्नोलॉजी मैग्नेटिक माइक्रोस्फीयर (Nano Technology Magnetic Microsphere) जैसी बेहद आधुनिक तकनीक का इस्तेमाल करके एक फॉर्मूलेशन तैयार किया था। वह जोड़ों और घुटनों के दर्द के इलाज में एक क्रांतिकारी दवा साबित हो सकती थी।

लेकिन आज जब मैं अकेले में बैठता हूँ, तो दिल में एक गहरी टीस उठती है। काश! काश उस वक्त किस्मत ने मेरा साथ दिया होता और आज मेरी आर्थिक स्थिति (Financial Condition) मज़बूत होती, तो मेरा वह नैनो टेक्नोलॉजी का प्रोजेक्ट अधूरा न रहता। वह दवा आज लैब से बाहर निकलकर हज़ारों-लाखों बेबस मरीजों के इलाज के काम आ चुकी होती। पर कोई बात नहीं, भले ही आज मैं इस २५ लाख के कर्ज़ और अपनों के दिए धोखे के कारण एक-एक रुपये का मोहताज हूँ, लेकिन मेरे भीतर का वह वैज्ञानिक, वह रिसर्चर आज भी ज़िंदा है। विपरीत परिस्थितियाँ मेरी आर्थिक स्थिति को तोड़ सकती हैं, लेकिन मेरे ज्ञान और मेरे सपनों को कभी नहीं मार सकतीं। मैं फिर उठूँगा, और अपनी इस काबिलियत को दुनिया के सामने साबित करके रहूँगा।

- *"पैसा और अच्छा समय आपके पास से जा सकता है, लेकिन जो ज्ञान और हुनर आपने अपनी मेहनत से कमाया है, उसे कोई आपसे नहीं छीन सकता। मुश्किलें आपके रास्ते को कुछ समय के लिए रोक ज़रूर सकती हैं, लेकिन अगर आपके इरादे मज़बूत हैं, तो आपका किया हुआ आविष्कार और आपकी काबिलियत एक दिन अपना रास्ता खुद बना लेगी।"*

कुरुक्षेत्र में पहला कदम और 'साइट' की तलाश

कोई बात नहीं... अगर आज वक़्त मेरे साथ नहीं है, तो मैं भी चुपचाप बैठने वालों में से नहीं हूँ। अब मैं पूरी ताक़त से इस कोशिश में लग गया हूँ कि कैसे भी करके अपने सिर से इस आर्थिक बोझ को कम कर सकूँ और समाज में अपनी एक नई पहचान बना सकूँ। यकीन मानिए, आत्मकथा के इन पन्नों पर यह सब लिखना जितना आसान दिखता है, असल ज़िंदगी में इसे जीना उतना आसान नहीं है। आज भी हालात ऐसे हैं कि मुझे कभी-कभी दो वक्त की रोटी भी नसीब नहीं होती, लेकिन फिर भी मैंने हार नहीं मानी है।

मैं आज भी रोज़ सुबह उठकर बाहर निकलता हूँ, अस्पतालों के चक्कर लगाता हूँ और डॉक्टरों व मैनेजमेंट के लोगों से मिल रहा हूँ। मेरी यह भागदौड़ इसलिए है ताकि मुझे एक सही 'साइट' मिल सके और मेरा क्लिनिकल रिसर्च का काम दोबारा चालू हो सके। भले ही आज परिस्थितियों के कारण मुझे एक कर्मचारी (Employee) के स्तर से शुरुआत करनी पड़े, लेकिन मेरे काम करने का अंदाज़ और मेरी सोच आज भी एक मालिक जैसी ही है। मैं किसी के दबाव में नहीं, बल्कि अपने ज्ञान और अपनी ज़िम्मेदारी के लिए काम कर रहा हूँ।

मैं सोचता हूँ कि जो हो रहा है, अच्छा ही है। आज जब मैं खुद ज़मीनी स्तर पर इतना कड़ा संघर्ष (Struggle) कर रहा हूँ, तो इसका एक सबसे बड़ा फायदा यह होगा कि भविष्य में अगर कोई पार्टनर मुझे धोखा दे भी दे, तो भी मुझे रत्ती भर फर्क नहीं पड़ेगा। मैं इस बिज़नेस और रिसर्च के एक-एक पहलू को इतनी गहराई से सीख चुका हूँ कि कल को मैं अपने दम पर अपनी खुद की क्लिनिकल रिसर्च कंपनी खड़ी करने का हौसला रखता हूँ। अभी तो बस मुझे उस एक सही 'साइट' और एक मौके की तलाश है, जहाँ से मैं अपना रिसर्च प्रोजेक्ट शुरू कर सकूँ। जैसे ही वह रास्ता खुलेगा, मेरे संघर्ष का यह पन्ना एक नई विजय गाथा में बदल जाएगा।

- *"जब आपके पास खोने के लिए कुछ न हो और दो वक्त की रोटी का भी ठिकाना न हो, तब आपका किया गया संघर्ष ही आपकी सबसे बड़ी पूंजी बनता है। नीचे से शुरुआत करने में कोई बुराई नहीं है, बशर्ते*

आपकी सोच और काम करने का तरीका हमेशा एक लीडर जैसा होना चाहिए। जो इंसान अकेले लड़ना सीख जाता है, उसे फिर किसी के धोखे का डर नहीं सताता।"

झूठी आस का साया और वक्त की कसौटी

इस चौतरफा जद्दोजहद के बीच, कभी-कभी मेरी पुरानी कंपनी के बॉस से भी बात होती रहती है। वे बातों-बातों में मेरी मदद करने की बात तो ज़रूर करते हैं, लेकिन असलियत यह है कि जब इंसान की खुद की स्थिति बदतर हो, तो उसके लिए एक-एक मिनट बिताना भी मुश्किल हो जाता है। लोग सामने से एक झूठी आस ज़रूर जगा देते हैं, लेकिन बाद में अपने वादों को भूल जाते हैं।

शुरुआत में शायद इन चीज़ों से तकलीफ होती थी, लेकिन अब मुझे इस बात का कोई बुरा नहीं लगता। मैं समझ गया हूँ कि यह सब मेरी ज़िंदगी और मेरे वक्त की एक बहुत ही कठिन परीक्षा है। इस दौर ने मुझे एक बहुत कड़वा लेकिन ज़रूरी सबक सिखाया है—जो लोग संकट के समय आपकी मदद करने का सिर्फ़ दावा करते हैं, लेकिन समय रहते अगर उनकी वह मदद आप तक नहीं पहुँचती, तो वह मदद भी पूरी तरह बेकार हो जाती है। समय बीत जाने के बाद दिए गए दिलासों का कोई मोल नहीं होता।

मुझे साफ़ महसूस होता है कि नियति अभी भी मेरी कड़ी परीक्षा लेने के मूड में है। मेरा स्वाभिमान मुझे इस बात की इजाज़त नहीं देता कि मैं किसी के आगे हाथ फैलाऊँ या किसी से भीख में मदद माँगूँ। मैं इतना स्वाभिमानी हूँ कि कभी किसी से सीधे मदद नहीं मांगता। हाँ, बातों-बातों में कभी-कभी एक सामान्य चर्चा (Discussion) ज़रूर कर लेता हूँ कि मैं इस वक्त भारी आर्थिक बोझ के तले दबा हुआ हूँ। मेरी इस बेबसी को सुनकर लोग सामने से अपनी तरफ से एक पहल ज़रूर करते हैं, बड़े-बड़े आश्वासन देते हैं, लेकिन अंत में मुझ तक कोई वास्तविक मदद कभी नहीं पहुँचती।

- *"मुश्किल वक्त में लोग अक्सर हमदर्दी का मुखौटा पहनकर झूठी उम्मीदें जगाते हैं, लेकिन समय पर साथ कोई नहीं देता। एक स्वाभिमानी इंसान को दूसरों के दिलासों के भरोसे बैठने के बजाय यह स्वीकार कर लेना चाहिए कि उसकी लड़ाई सिर्फ़ उसकी अपनी है। जो मदद समय पर न मिले, उसकी आस छोड़ देना ही मानसिक शांति का रास्ता है।"*

मन की चंचलता और विरह की अग्नि

मन का कुरुक्षेत्र और चंचलता का जाल

इन सब बाहरी साज़िशों और लाखो के कर्ज़ के बोझ के बीच, एक युद्ध ऐसा है जो मैं हर पल अपने ही भीतर लड़ रहा हूँ। मैं इस भँवर में कभी खुद से पूरी तरह हार जाता हूँ, तो कभी फिर से उठकर खड़ा हो जाता हूँ। क्या कहूँ इस मन के बारे में? यही वह मन है जो कभी मुझे पूरी तरह थकाकर हरा देता है, तो कभी परिस्थितियों से लड़ने के लिए दोबारा मजबूर कर देता है।

जब मैं कभी अकेले में शांत होकर बैठता हूँ, तो गहराई से सोचता हूँ—इस चंचल मन से तो आज तक बड़े-बड़े ऋषि-मुनि और तपस्वी भी पूरी तरह नहीं जीत पाए, तो मैं तो कलयुग का एक छोटा और साधारण सा इंसान हूँ, मैं इससे कैसे पार पा सकता हूँ? जब भी आत्ममंथन करता हूँ, तो पाता हूँ कि यही मन सबसे ज़्यादा चंचल और अस्थिर है।

इसका खेल तो देखिए, कभी यह मेरे भीतर एक ऐसी अद्भुत उमंग और ऊर्जा जगा देता है कि मैं इसके प्रभाव में आकर रात-दिन लगातार काम में जुटा रहता हूँ। उस वक्त न मुझे थकान महसूस होती है और न भूख। लेकिन कभी-कभी यही मन ऐसा जाल बुनता है और मुझे इस कदर उदासी के कुएँ में धकेल देता है कि बिस्तर से उठकर एक गिलास पानी तक उठाने की हिम्मत नहीं होती। यह मुझे दिन-रात सिर्फ़ गहरी सोच और सन्नाटे में सुलाए रखता है।

यही मन कभी अचानक मेरे अतीत की गहरी यादों का पूरा पुलिंदा खोलकर मेरे सामने रख देता है। पिछले जन्म का वो अधूरा प्यार, वो खौफनाक कुल्हाड़ी का वार, और इस जन्म का यह चौतरफा संघर्ष... यह सब कुछ एक साथ मेरे सामने तैरने लगता है। लेकिन इस चंचल मन के तमाम उतार-चढ़ाव के बावजूद, मैंने यह समझ लिया है कि यह मन भले ही मुझे कुछ समय के लिए थका दे, मैं इस मन के थपेड़ों को सहते हुए भी अपनी मंज़िल की ओर बढ़ता रहूँगा।

- *"इंसान बाहर की दुनिया से तो लड़ सकता है, लेकिन सबसे कठिन लड़ाई अपने ही चंचल मन से होती है। मन का कभी उमंग से भरना और कभी पूरी तरह निराश हो जाना एक स्वाभाविक मानवीय प्रक्रिया है। ऋषि-मुनि भी इसके प्रभाव से अछूते नहीं रहे, इसलिए मन के हारने पर खुद को कमज़ोर न समझें, बल्कि धैर्य रखकर इसके दोबारा शांत होने का इंतज़ार करें।"*

यादों का पुलिंदा और विरह की अग्नि

यह मन वाकई एक अजीब पहेली है। यह कभी मुझे एक गहरी सोच और हर परिस्थिति को बहुत गहराई से समझने की एक गज़ब की क्षमता दे देता है, तो कभी अचानक खींचकर मुझे उन्हीं बीते हुए लम्हों और दुःख की घड़ी में ले जाकर खड़ा कर देता है। अतीत का वह दौर जिसे मैं पीछे छोड़ आया हूँ, यह मन उसे फिर से वर्तमान बनाकर मेरे सामने रख देता है।

आज इस कशमकश में बैठकर मैं सोचता हूँ कि काश... काश यह चंचल मन पूरी तरह मेरे वश में होता! अगर यह मेरे नियंत्रण में होता, तो जब भी यह मुझे मेरी ज़िंदगी के दुःख भरे पन्नों और यादों के उस भारी

पुलिंदे को ज़बरदस्ती पढ़ाने बैठता, तो मैं इसे वहीं का वहीं टोक देता। मैं इसे साफ़ रोक देता और कहता कि मुझे अब और पीछे नहीं देखना है। मैं वहीं से आगे बढ़ जाता और इस अकेलेपन तथा विरह की तपती अग्नि में खुद को जलने से बचा लेता।

लेकिन यह मन मेरी सुनता कहाँ है? यह चुपके से पिछले जन्म की उस अधूरी मोहब्बत की जुदाई और इस जन्म में अपने छोटे से मासूम बच्चे से दूर रहने के विरह की आग को फिर से सुलगा देता है। इस आग की तड़प कई बार इतनी तीव्र होती है कि मेरी सारी समझ और क्लिनिकल रिसर्च का विज्ञान इसके सामने छोटा पड़ जाता है। फिर भी, इस विरह और दर्द को सहते हुए भी मेरे भीतर का स्वाभिमान मुझसे कहता है कि भले ही मन आज पीछे खींच रहा है। लेकिन मेरी आंतरिक सुदृढ़ता मुझे इस आग में भस्म नहीं होने देगी। मैं इस तड़प को ही अपनी कलम की स्याही बनाऊँगा और अपनी इस जीवनी के पन्नों को तब तक लिखता रहूँगा, जब तक कि मेरी मंज़िल का एक नया, सुनहरा पन्ना नहीं खुल जाता।

- ***"मन का स्वभाव ही है कि वह बार-बार अतीत के दुखों के पन्ने खोलकर हमें वर्तमान में तड़पाता है। भले ही मन को पूरी तरह वश में करना हमारे हाथ में न हो, लेकिन उस विरह और दुःख की अग्नि में जलते हुए भी धैर्य न खोना और हर सुबह एक नए संकल्प के साथ उठ खड़े होना ही आत्मा की असली मज़बूती है।"***

दीमक सा विरह और भीतर की पराजय

यह विरह कोई साधारण दर्द नहीं है, यह एक ऐसी खामोश अग्नि है जो मनुष्य के पूरे शरीर और उसकी चेतना को अंदर ही अंदर जलाकर राख

कर देती है। यह एक ऐसी आग है जो किसी दूसरे के बुझाने से कभी नहीं बुझ सकती। जब यह आग सुलगती है, तो दीमक की तरह पूरे वजूद को भीतर से खोखला कर देती है और अंत में कुछ भी शेष नहीं बचता।

इस दुनिया की विडंबना तो देखिए, लोगों की नज़रों में लगता है कि यह इंसान तो बिल्कुल हट्टा-कट्टा है, भला-चंगा है, इसे क्या तकलीफ होगी? लेकिन बाहर का यह ढांचा एक बहुत बड़ा छलावा है। कोई मेरे भीतर झांककर नहीं देखता कि इस विरह ने मुझे अंदर से कितना तोड़ दिया है। ऐसे समय में अगर कोई मुझसे बाहर की दुनिया से आकर लड़ने को कहे, तो मैं उसे कैसे समझाऊँ कि जो इंसान रोज़ अपनी ही यादों और इस जुदाई से लड़ रहा हो, वह तो सामने वाले से युद्ध लड़ने से पहले ही अंदर से पूरी तरह हार चुका होता है। उसकी बची-खुची ऊर्जा तो खुद को ज़िंदा रखने के संघर्ष में ही ख़त्म हो जाती है।

इस असहनीय बेबसी के क्षणों में, मैं उस विधाता से हाथ जोड़कर बस एक ही प्रार्थना करता हूँ—हे ईश्वर! हे विधाता! मुझे भविष्य में चाहे जितने कष्ट देने हों दे देना, मेरी झोली में चाहे जितनी तकलीफें डालनी हों डाल देना, मैं सब सह लूँगा... लेकिन मुझे कभी दोबारा इस विरह की भयानक अग्नि में मत झोंकना। यह जुदाई का दर्द बर्दाश्त की सीमाओं से बहुत परे है।

लेकिन इस कड़े इम्तिहान और विरह की आग में जलते हुए भी, मेरा स्वाभिमान मुझे पूरी तरह बिखरने नहीं देता। मैं इस दीमक जैसी उदासी से भी लड़ूँगा, पन्ना पलटूँगा और इस कुरुक्षेत्र को पार करके ही दम लूँगा।

समय का पहिया और मौन आँखों का आँशु

आँखों का आईना और मौन आँसू

जब मैं अपने ही भीतर चल रहे इस भयंकर द्वंद्व युद्ध से पूरी तरह हारने लगता हूँ, जब मेरा चंचल मन मुझे निराशा के गहरे कुएँ में धकेल देता है, तब मैं अपनी इस असहनीय तड़प और तकलीफ को अपने करीबियों और दोस्तों के सामने व्यक्त करने की कोशिश करता हूँ। मैं सोचता हूँ कि शायद बात करने से मन का बोझ कुछ हल्का हो जाएगा।

लेकिन दिल की बात ज़ुबाँ पर आते ही न जाने क्या होता है कि मन से निकला हुआ वो सारा गुबार मेरी आँखों को बुरी तरह रूला जाता है। न जाने इन आँखों का मेरी रूह के ज़ख्मों से क्यां नाता है... मैं लाख चाहकर भी अपने आंसुओं को रोक नहीं पाता। मैं दुनिया के सामने खुद को बहुत स्वाभिमानी और मज़बूत दिखाने की कोशिश करता हूँ, लेकिन ये आँखें मेरी सबसे बड़ी कमज़ोरी बन जाती हैं। इनसे छिपाने पर भी मेरा अंदरूनी दर्द कभी छिप नहीं पाता।

ये आँखें भी एक ऐसा जालिम आईना हैं कि मेरे सम्मुख खड़ा कोई भी इंसान इन्हें देखते ही तुरंत भांप लेता है कि मेरे भीतर इस वक्त कितनी गहरी तड़प और छटपटाहट चल रही है। यह बेबसी मुझे और कमज़ोर कर देती है, लेकिन फिर भी इन बहते आंसुओं के बीच मैं खुद को दोबारा संभालता हूँ। मैं जानता हूँ कि इन आंसुओं को बहाकर मुझे थकना नहीं है, बल्कि इस कलयुग के कुरुक्षेत्र में अपनी योग्यता और

अपने ज्ञान के दम पर एक बार फिर सीना तानकर खड़ा होना है।

- *"आँसू इंसान की कमज़ोरी नहीं, बल्कि उसकी रूह का वो सैलाब हैं जो भीतर के गहरे दर्द को साफ़ करता है। आप दुनिया से झूठ बोल सकते हैं, लेकिन अपनी आँखों के आईने से अपनी तड़प को कभी नहीं छिपा सकते। अपनों के सामने रो लेना कमज़ोरी नहीं, बल्कि खुद को दोबारा मज़बूत करने का एक जरिया है।"*

भँवर की मार और तपस्या का अगला चरण

पता नहीं मेरी यह ज़िंदगी किस मोड़ पर जाकर रुकेगी। लेकिन वर्तमान का यह जो पल कट रहा है, यह जो चौतरफा मार मुझे झेलनी पड़ रही है, यह किसी नरक से कम नहीं है। मैं उस ऊपर वाले से बस यही विनती करता हूँ कि ऐसा कष्टदायक जीवन वह संसार में किसी को भी न दे।

किस्मत का खेल तो देखो, जब भी मन में कुछ बड़ा करने का ख्याल आता है और मैं उस पर काम करने की कोशिश भी करता हूँ, तो हर बार सिर्फ़ और सिर्फ़ आर्थिक तंगी एक दीवार बनकर मेरे सामने आ खड़ी होती है। एक क्लिनिकल रिसर्चर और फार्मास्युटिकल बैकग्राउंड का होने के नाते, न जाने दिमाग में कितने सारे शानदार बिज़नेस आइडियाज आते रहते हैं, लेकिन इस तंगी के कारण धरातल पर एक भी विचार नहीं उतर पाता। सब कुछ कागज़ों और सोच में ही सिमट कर रह जाता है।

अब मैंने यह तय किया है कि इस खाली समय को मैं ऐसे ही बर्बाद नहीं होने दूँगा। मैं अपनी इस पूरी ऊर्जा को किसी न किसी काम में झोंक दूँगा, ताकि मेरे मन की चंचलता शांत रहे और मैं लगातार कर्मठ बना रहूँ। किसी भी स्तर से सही, पर कोई न कोई काम करते रहना इस समय मेरी ज़रूरत है। इससे न केवल मेरा मन शांत रहेगा, बल्कि धीरे-धीरे मेरी आर्थिक स्थिति भी मज़बूत होने लगेगी। जैसे ही यह आर्थिक बोझ कम होगा, मैं अपनी उसी मज़बूत बुनियाद पर अपने जीवन के सबसे बड़े लक्ष्य—अपनी Ph.D (डॉक्टरेट) की तैयारी और रिसर्च की पढ़ाई को फिर से शुरू करूँगा।

- *आर्थिक तंगी के कारण आपके बड़े-बड़े विचार और बिज़नेस आइडियाज ज़मीन पर न उतर पा रहे हों, तो निराश होकर बैठने के बजाय जो भी छोटा या व्यावहारिक काम सामने मिले, उसमें खुद को झोंक देना चाहिए। खाली समय को कर्म में बदल देना ही मन की चंचलता को रोकने और भविष्य के बड़े लक्ष्यों के लिए धन जुटाने का एकमात्र रास्ता है।"*

म्यान से निकला स्वाभिमान और समय का पहिया

यकीन मानिए, इस ज़िंदगी को बचाने और सम्मान के साथ जीने के लिए एक इंसान को क्या-क्या नहीं करना पड़ता है। एक वो दौर था जब मैं कभी कार के बिना कहीं जाना पसंद नहीं करता था, और आज... आज यह स्थिति है कि मुझे अपनी ही ज़िंदगी को आगे बढ़ाने के लिए साइकिल से जाना पड़ता है। लेकिन मुझे इसमें कोई शर्म नहीं है। यह

मेरे भीतर की वो आग है जो मुझे रुकने नहीं देती।

मेरे दुश्मन भले ही गिने-चुने हैं, पर उनकी साज़िशों का खतरा लाखों दुश्मनों से भी कहीं ज़्यादा बड़ा है। लेकिन मैंने भी अब इस नियति को खुला चैलेंज (चुनौती) दे रखा है कि अगर तुम लोगों में लड़ने की इतनी ही हिम्मत है, तो छुपकर वार करने के बजाय सामने आकर सीधे मुकाबला करो। आखिर पीठ पीछे क्यों वार करते हो? जिस तंत्र-मंत्र या परोक्ष शस्त्र से मैं लड़ना ही नहीं जानता, उससे वार करना कहाँ का न्याय है? युद्ध का कायदा तो यही कहता है कि जब किसी से लड़ना हो, तो उसके सामने आओ और बराबरी से लड़ो। जो छुपकर वार करते हैं, वे इतिहास में सिर्फ 'कायर' कहलाते हैं।

वैसे ही कायर मेरे ये दुश्मन हैं, जो अपनी शर्म, हया और इज़्ज़त सब कुछ बहुत पहले ही बेच चुके हैं, पर आज भी इस मतलबी दुनिया को दिखाने में लगे हैं कि वे बहुत इज़्ज़तदार हैं। मैंने भी खामोशी से तमाशा देखते हुए यह जान लिया है कि समय का पहिया कभी एक जगह नहीं ठहरता। यह घूमता रहता है। जब यह पहिया घूमकर अपनी जगह पर वापस आएगा, तब इन सभी पाखंडी लोगों की असलियत और इनकी काली करतूतें पूरी दुनिया के सामने अपने आप उजागर हो जाएंगी। मुझे किसी से बदला नहीं लेना है, समय खुद इनका हिसाब करेगा।

- *"परिस्थितियों के कारण अपनी सुख-सुविधाओं को छोड़कर ज़मीन पर आ जाना कमजोरी नहीं, बल्कि जीवन को बचाने का एक मज़बूत प्रयास है। जो शत्रु सामने आकर लड़ने की हैसियत नहीं रखते और पीठ पीछे वार करते हैं, वे अपनी इज़्ज़त बहुत पहले खो चुके होते हैं। समय का चक्र बेहद बलवान है, वह हर करतूत का हिसाब सरेआम करता है।*

6

संशय का अंत, गुरु की वाणी और उस साथी का इंतज़ार

संक्षिप्त शब्द और समय का अंतिम न्याय

बोलने को और इस डायरी में दर्ज करने को मेरे पास आज इतना कुछ है कि शायद पन्ने भी कम पड़ जाएं। लेकिन मैं अपनी इस जीवन-गाथा को बहुत लंबा खींचने के बजाय, हमेशा संक्षिप्त में ही बोलना और लिखना ज़्यादा पसंद करता हूँ। कम शब्दों में गहरी बात कह देना ही मेरे स्वाभिमान की शैली है।

मैंने बिना किसी का नाम उजागर किए, बिना किसी पर लांछन लगाए, अपनों से जो कड़वे धोखे और छलावे खाए हैं, वे इस आत्मकथा का हिस्सा बन चुके हैं। मैं चाहता हूँ कि मेरी इस खामोश तपस्या को पढ़ने वाला हर पाठक इस बात को सीखे कि जब आपके अपने ही किसी के बहकावे में आकर आपको गलत समझने लगें, तो पलटकर कीचड़ उछालने से बेहतर है कि आप गरिमा के साथ मौन धारण कर लें। समय के पहिए की गति पर मेरा अटूट विश्वास है; जब वह अपनी जगह पर वापस घूमकर आएगा, तो हर इंसान की असलियत और उसकी करतूतें

स्वतः ही संसार के सामने आ जाएंगी। मुझे किसी को बेनकाब करने की ज़रूरत नहीं है।

म्यान से निकली यह तलवार अब रुकने वाली नहीं है। जब पूर्व जन्म के उस खौफनाक अंत के बाद भी मौत ने मुझे इस 'रीबर्थ चैप्टर' के लिए छोड़ दिया, तो इस जीवन का कोई न कोई बहुत बड़ा और पवित्र उद्देश्य ज़रूर है।

मैं अपनी शिक्षा, अपने M.Pharma और क्लिनिकल रिसर्च के ज्ञान को ही अपनी ढाल बनाऊँगा। जैसे ही मेरे कदम आर्थिक रूप से मज़बूत होंगे, मैं अपने जीवन के सबसे बड़े ध्येय—अपनी Ph.D. (डॉक्टरेट) की पढ़ाई को पूरा करूँगा और अपने नाम के आगे 'डॉक्टर' लगा कर ही दम लूँगा। यह मेरा खुद से और मेरी अंतरात्मा से किया हुआ एक शाश्वत वादा है।

- *"विश्वासघात, कर्ज़, बदनामी और अपनों से दूरी का भँवर किसी भी इंसान को जीते-जी नरक का अहसास करा सकता है। लेकिन एक सच्चा स्वाभिमानी व्यक्ति परिस्थितियों से भागने के बजाय अपनी काबिलियत, मौन और आंतरिक इच्छाशक्ति को अपना शस्त्र बनाता है। समय का पहिया कभी स्थिर नहीं रहता; वह हर आँसू और हर संघर्ष का हिसाब बहुत सलीके से चुकता करता है।"*

उपसंहार: एक अंत... एक नई शुरुआत की ओर

शायद इस पहले भाग के पन्ने यहीं तक थे। मैंने बहुत ही संक्षेप में अपनी रूह की उस तड़प, अपनों के दिए लाखों के कर्ज़ के दलदल, और उस छद्म मित्र के रचे धोखे के मायाजाल को आपके सामने रख दिया है। मैं आज भी साइकिल पर बैठकर, दो वक्त की रोटी के लिए इस बड़े क्लिनिकल संघर्ष के बीच अस्पतालों के चक्कर काट रहा हूँ। मेरी आँखों

में आज भी Ph.D. करने और अपने नाम के आगे 'डॉक्टर' जोड़ने का संकल्प उतना ही गहरा है।

लेकिन इस सब के बीच, एक दौर ऐसा भी आता है जब मैं अपने ही मन से पूरी तरह हार जाता हूँ। जब निराशा मुझे घेर लेती है, तब मैं अपने संशय को दूर करने के लिए पुनः अपने गुरु के सामने खड़ा होता हूँ। मैंने गहरे दर्द में डूबकर उनसे सवाल किया, *"गुरु जी; क्या मेरा भविष्य हमेशा ऐसा ही चलता रहेगा? क्या यह दलदल कभी खत्म होगा?"* गुरु जी ने मेरी आँखों में देखा और उनका जवाब मेरी भटकती रूह के लिए एक मरहम बन गया। उन्होंने दृढ़ता से कहा, *"तुम चिंता मत करो। यह जो काले बादल तुम देख रहे हो, ये बस छटने ही वाले हैं और तुम्हारा सूर्य निकलने वाला है। तुम्हारा आने वाला कल एक उज्ज्वल भविष्य के रूप में निकलेगा। ये जितने छलावा करने वाले और धोखा देने वाले लोग हैं, ये सब तुम्हारी कामयाबी के सामने एक दिन पूरी तरह हार चुके होंगे।"*

उनकी बात सुनकर मैंने पुनः अपना वह सवाल पूछा जो पिछले 5 महीनों से मेरे सीने में आग की तरह धधक रहा था। मैंने उनसे उस पुनर्जन्म की बात को लेकर फिर से पूछा कि क्या सच में कोई ऐसी लड़की है जो आज भी इस मिट्टी पर मेरा इंतज़ार कर रही है?

गुरु जी ने मुस्कुरा कर 'हाँ' में सिर हिलाया और कहा, *"हाँ शाश्वत, वह लड़की आज भी सिर्फ तुम्हारे लिए बैठी है। वह तुम्हारे जीवन में एक नया उजाला लेकर आएगी। वह इस मतलबी दुनिया के लोगों से बिल्कुल अलग होगी। उसे तुम्हारे धन-दौलत, तुम्हारे सफल होने या नाकाम होने से कोई मतलब नहीं होगा। जब दुनिया तुम पर कीचड़ उछाल रही होगी, तब वह तुम्हारे हर कठिन समय में एक ढाल बनकर खड़ी होगी।"*

गुरु जी के मुख से निकले ये शब्द सुनकर मेरा मन आज विवश हो गया। एक अजीब सा छटपटाहट मेरे भीतर जगी कि अगर मेरे गुरु ने यह बात बोली है, तो फिर यह झूठ नहीं हो सकती। मुझे अपनी 'मंज़िल' के लिए हर हाल में आगे बढ़ना ही होगा। शायद इस दुनिया के, पिछले जन्म के कुछ उधार (debt) को चुकाने के लिए ही मुझे इस जीवन के दर्द को झेलते हुए ज़िंदा रहना होगा।

लेकिन सदियों पुराने उस पुनर्जन्म के बंधन का क्या होगा? वह लड़की जो आज भी इस मिट्टी पर बिना शादी किए मेरा इंतज़ार कर रही है, क्या इस जन्म के कुरुक्षेत्र में मेरा उस रूहानी साथी से मिलन हो पाएगा? क्या नियति हम दोनों को पिछले जन्म की उस खौफनाक हत्या और धोखे के बाद फिर से एक करने वाली है, या फिर इस बार भी नियति कोई नया खेल खेलेगी? क्या वह मुझे इस मतलबी दुनिया से निकाल कर एक सच्ची मोहब्बत का नया सवेरा दिखा पाएगी? यह एक ऐसी दास्तान है जिसके पन्नों का खुलना अभी बाकी है, वरना उस अनजानी लड़की का सदियों पुराना इंतज़ार फिर से बर्बाद हो जाएगा। मैं उसे इस बार अकेला नहीं छोड़ सकता।

खैर, अभी तो मेरा यह क्लिनिकल संघर्ष जारी है, जहाँ से मुझे अपनी एक नई शुरुआत करनी है। कुरुक्षेत्र सज चुका है, म्यान से तलवार निकल चुकी है, और मैं अपने आत्मसम्मान के साथ इस अंधेरी रात को चीरकर आगे बढ़ने के लिए तैयार हूँ।

यह अंत नहीं, बल्कि उस अगले अध्याय की भूमिका है जहाँ सच गवाही देगा, मुखौटे उतरेंगे, और नियति अपना अंतिम न्याय करेगी।

"मिट्टी मंज़िल और मुसीबत : पुनर्जन्म पार्ट -1, A True Story of an M. Pharma Researcher's Rebirth" का सफर यहीं विश्राम लेता है... लेकिन शाश्वत की असली जंग, दुश्मनों के पर्दाफाश और उस पुनर्जन्म के साथी से मिलन की दास्तान जारी रहेगी, "Volume - 2" में।

आभार

मैं उन सभी अदृश्य और प्रत्यक्ष शक्तियों का हृदय से आभार व्यक्त करता हूँ जिन्होंने जीवन के इस सबसे कठिन 'क्लिनिकल संघर्ष' और लाखों के कर्ज़ के भँवर में भी मुझे टूटने नहीं दिया। मैं अपने पाठकों का आभारी हूँ जो सत्य, मिट्टी और पुनर्जन्म की इस वास्तविक गाथा के साक्षी बने। आपके इसी विश्वास के सहारे म्यान से निकली यह तलवार आगे भी सत्य की राह पर चलती रहेगी।

— **शाश्वत**

लेखक का परिचय

लेखक का परिचयः शाश्वत 'आर्या'

शाश्वत एक उच्च शिक्षित क्लीनिकल शोधकर्ता (Clinical Researcher) हैं, जिन्होंने मेडिकल विज्ञान और फार्मास्यूटिक्स (M. Pharm) की गहरी अकादमिक समझ हासिल की है। विज्ञान के तर्कों और दवाओं के निर्माण की जटिलताओं के बीच जीने वाले शाश्वत का व्यक्तिगत जीवन सालों तक 'आर्या' के रूप में एक ऐसी दार्शनिक खामोशी में बीता, जहाँ उन्होंने अपनी मरणशैया, विवाह के बाद के मानसिक दबाव, चौतरफा विपरीत परिस्थितियों और अपनों से मिले क्रूर छलावे को कभी किसी के सामने प्रकट नहीं होने दिया। वे अंदर ही अंदर गहरे अवसाद (Clinical Depression) और भूलने की बीमारी के उस अंधकार से जूझ रहे थे, जहाँ इंसान के वजूद की आवाज़ पूरी तरह दफ़्न हो जाती है।

लेकिन दिसंबर 2025 की एक सर्द रात में नियति ने उनकी चेतना को एक चमत्कारिक और अभूतपूर्व मोड़ दिया। कार चलाते वक्त खुली आँखों से दिखे कुछ अलौकिक विज़ुअल्स ने 'आर्या' के जीवन की दिशा बदल दी। उसी विस्मयकारी दृश्य के बीच जब पिछले जन्म की स्मृतियों से जुड़ी एक अनजानी लड़की ने उन्हें 'शाश्वत' नाम से पुकारा—वही नाम जिसे स्वयं नियति ने उनके कानों में आकर फूँका था—तो उनके जीवन में एक युगांतरकारी बदलाव की शुरुआत हुई। मौत को गले लगाने की कगार पर खड़े 'आर्या' के पुराने अतीत का वहीं अंत हो गया और एक 76 साल पुराने पवित्र वादे तथा अधूरी कसमों को निभाने के लिए 'शाश्वत' के रूप में उनका एक नया रूहानी जन्म हुआ।

इस रूहानी जागृति ने उनके जीवन से कई छद्म मुखौटे उतार फेंके। भले ही अपनों के विश्वासघात के कारण उनका पुराना कारोबार लाखों रुपये के भारी आर्थिक बोझ और कर्ज़ के दलदल में डूब गया, और आज परिस्थितियाँ दो वक्त की रोटी के कड़े संघर्ष और स्वाभिमान के वनवास तक ले आईं, लेकिन उनके भीतर के अडिग आत्मबल और

परमपिता परमेश्वर के प्रति अटूट आस्था ने उन्हें कभी झुकने नहीं दिया। शाश्वत का यह दृढ़ जीवन-सिद्धांत है कि परिस्थितियाँ चाहे कितनी भी आत्मघाती क्यों न हो जाएँ, इंसान को अधर्म और गलत रास्ते का चुनाव कभी नहीं करना चाहिए। चाहे सामने आपका कोई सगा संबंधी, रिश्तेदार या खुद आपका अपना खून ही क्यों न खड़ा हो, अगर वह गलत है तो उसका पूर्ण विरोध करने से कभी पीछे नहीं हटना चाहिए।

वे अपने जीवन से यह सिद्ध करते हैं कि सत्य के मार्ग पर चलते हुए चाहे आपको भूखे-प्यासे रहना पड़े या आप मरणासन्न कगार पर पहुँच जाएँ, अधर्म के आगे कभी घुटने नहीं टेकने चाहिए। यदि आप सत्य की राह पर अडिग हैं, तो वह ब्रह्मांडीय न्याय और ऊपर वाला स्वयं आपके लिए मार्ग प्रशस्त करने आता है; वह किसी न किसी रूप में, किसी न किसी इंसान को माध्यम बनाकर आपकी मदद के लिए दूत अवश्य भेज देता है। अपने 5 साल के मासूम बेटे से अनचाही जुदाई (विरह) का असहनीय दर्द झेलते हुए भी वे परिस्थितियों से भागे नहीं। उन्होंने इस कलयुग के कुरुक्षेत्र में ढाल बनाने के लिए 'क्लिनिकल रिसर्च' का आधुनिक कोर्स पूरा किया और भविष्य में पीएचडी (PhD) करने का अटूट संकल्प लिया है।

आज शाश्वत किसी भी इंसान के आगे हाथ फैलाए बिना, अपने मस्तिष्क में चल रहे क्रांतिकारी बिज़नेस आइडियाज को धरातल पर उतारने के लिए हर दिन अपनी साइकिल पर सवार होकर संघर्ष कर रहे हैं। उनका यह जीवन हर उस पाठक के लिए एक जीवित मिसाल है जो विपरीत परिस्थितियों के आगे हार मान चुका है। वे अपने संघर्ष से समाज को यह संदेश देते हैं कि जब तक आपके भीतर आपका स्वाभिमान, ईश्वर पर विश्वास और आपकी आत्मा का सत्य जीवित है, तब तक दुनिया की कोई भी साज़िश या तंत्र आपको कभी पराजित नहीं कर सकता। 'आर्या' से 'शाश्वत' बनने का यह सफर समय के अंतिम और निष्पक्ष न्याय की एक मूक तपस्या है।

एक अनसुलझा रहस्य और आने वाली अगली किताब:

दिसंबर 2025 की उस सर्द रात में शाश्वत को जो रूहानी विज़ुअल्स दिखे थे, क्या वे सचमुच भविष्य का कोई सत्य हैं? क्या सच में समय के

पहिए के घूमने पर उन्हें इस जन्म में उनकी वो जीवन-साथी मिलेगी जो सदियों से उनका इंतज़ार कर रही है? या फिर... यह सब केवल एक गहरे मानसिक सदमे और अवसाद से बाहर निकालने के लिए नियति द्वारा रची गई एक चमत्कारिक मानसिक रचना थी? इन सारे अनसुलझे और रहस्यमयी सवालों के जवाब, और वो जीवन-साथी उन्हें आगे चलकर मिली या नहीं—इस पूरी प्रामाणिक गाथा को लेखक अपनी **आने वाली अगली पुस्तक (Volume-2)** में पूरे साक्ष्यों के साथ पाठकों के सामने उजागर करेंगे। वर्तमान में, उन्होंने अपनी इस यात्रा को पूरी तरह नियति के न्याय पर छोड़ दिया है।

— शाश्वत

आगामी भाग की एक झलक

"मिट्टी मंज़िल और मुसीबत : पुनर्जन्म पार्ट -1" का यह सफर यहाँ थम ज़रूर रहा है, लेकिन शाश्वत की असली रूहानी और व्यावहारिक जंग का आगाज़ तो अब होने वाला है।

क्या आप इस रहस्यमयी महागाथा के अगले पड़ाव को जानने के लिए तैयार हैं? वॉल्यूम - 2 में खुलेंगे ज़िंदगी के वो पन्ने जो आपके रोंगटे खड़े कर देंगे:

- **कायर मुखौटों का पर्दाफ़ाश:** शाश्वत के पास उस फ़रेबी इंसान और पीठ पीछे वार करने वाले दुश्मनों के खिलाफ ऑडियो, वीडियो और दस्तावेज़ी सबूतों का जो पुलिंदा इकट्ठा हो रहा है, क्या वे उससे उन सभी को सरेआम बेनकाब कर पाएंगे? लाखों के कर्ज़ के इस चक्रव्यूह का अंत कैसे होगा?
- **क्या पिघलेगा नफ़रत का पत्थर?:** एक औरत के दिए धोखे से टूटा हुआ और शादी के नाम से नफ़रत करने वाला एक वैज्ञानिक का यह दिमाग, क्या पिछले जन्म के उस पवित्र आशीर्वाद और निस्वार्थ प्रेम को दोबारा स्वीकार कर पाएगा?
- **क्या उस साथी से मिलन हो पाएगा?:** सबसे बड़ा और गहरा संशय... क्या इस जन्म के कुरुक्षेत्र और क्लिनिकल संघर्षों के बीच शाश्वत का उस अनजानी 'शिक्षक' (Teacher) लड़की से सामना हो पाएगा, जो सदियों से बिना शादी किए इस मिट्टी पर सिर्फ और सिर्फ उनका इंतज़ार कर रही है? या नियति फिर कोई नया खेल खेलेगी?

सत्य की गवाही, साक्ष्यों का प्रकटीकरण और पुनर्जन्म के अधूरे मिलन की यह रोमांचक दास्तान जारी रहेगी... जल्द ही आ रहे अगले

भाग में!

www.ingramcontent.com/pod-product-compliance
Lightning Source LLC
LaVergne TN
LVHW100331210926
848480LV00003B/1305
9798905108365